お腹がやせる「体幹」体操

谷本道哉／石井直方 著

マイナビ

期間限定のダイエットは、
その効果も期間限定。
ずっときれいで、健康でいるために、
今日から体幹コンディショニングを
習慣にしませんか。

プロローグ

ダイエットを趣味にしていませんか？

多くの女性がやせたいと願っている

「ポッコリ出たこの下腹をどうにかしたい」「たるんだ二の腕を引き締めたい」「キュッとくびれたボディラインを手に入れたい」――。女性なら誰もが一度は抱く願望ではないでしょうか。

「国民健康・栄養調査」(平成20年・厚生労働省)によると、「体重を減らしたい」と望んでいる日本人女性は51・6％。**実に半数以上の女性がやせたいと思っていることになります。**

逆に言えば、達成できていない、思い通りにやせられていない女性がそれだけいるということ。では、なぜやせたいと思いながらも達成できないのでしょうか。

いろいろな原因が考えられますが、「短期間でやせたい」との思いから新しいダイエット法に手を出すものの、どれも長くは続かない。一時は頑張ってやせたけど、やめてしまって元の木阿弥。そういったケースが多いようです。

また今度もリバウンド……

期間限定で行うダイエットは、その効果も期間限定に過ぎません。せっかく努力を続けて成果が出ても、やめてしまえば、完全にとは言わないまでもまた元に戻ってしまいます。

食事制限によるダイエットをやめた後などは、元に戻るどころか、リバウンドでさらに前よりも太ってしまったり、お腹が出てしまうということにもなりかねません。これでは何のために努力したのかわからなくなってしまいます。

ブームになったコアリズムにしてもレコーディング・ダイエットにしても、ずっと続けられるならよいのですが、実際には、そのような人は少数派です。

短期集中で頑張る時期を設けるのも悪いことではありませんが、「今だけ頑張る」で終わってしまってはいけません。「ずっと習慣として続けられる」方法こそがリバウンド知らずの理想的なダイエットのあり方なのです。

魔法のダイエットは存在しない

雑誌やインターネットを見ると、「1週間で5kg減」「○○だけでみるみるやせる」といった「魔法のような効果」をうたったダイエット法が氾濫しています。これまでの経験から、そんな短期間でしかもラクしてやせるなんて無理と頭ではわかっているはず。「でも、もしかしたら今度こそ」という願望もあって、新しいダイエット法を次から次へと試す女性が多いように思います。

「ラクして早くやせたい」という気持ちもわからないわけではありません。しかし、現実には「かんたんにやせる魔法」などありません。本当に魔法があるなら、やせるために苦労している人はいないはずです。

数値的に見てみましょう。1kgの脂肪組織というのは、およそ7500キロカロリーのエネルギーを持ちます。平均的な女性の1日の消費カロリーは2000キロカロリー程度とされますから、仮に1週間絶食するという「極めて壮絶」なダイエットをして、それが全部脂肪の減少につながったとしても、2kg程度の減量にしかなりません。「1週間で5kg減」という話が現実的ではないことがわかります。もしあったとしても、それは減った体重の大半は脂肪ではなく、水分や、筋肉に代表される「人体に必要な除脂肪組織」と考えられます。これは、「やせた」というよりも「やつれた」状態です。

また、劇的な成果を上げているダイエット法の広告には必ず「同時に適切な食事管理も行いました」(相当の食事制限でしょう)、「結果には個人差があります」といった内容の注意書きが小さく表記されているものです。

つまり、どう考えてみても、ダイエットに魔法はないのです。ダイエットを始める前に、まずはこのことをはっきりと覚えておきましょう。

運動がいいとは言うけれど

家庭で手軽に(?)できる運動として、ビリーズブートキャンプやコアリズムが大ブームとなりました。しかし、「あまりにもきつすぎて、すぐリタイアしてしまった」といった敗北宣言や、「腰を痛めてできなくなってしまった」といった悔しい感想もよく聞きました。ダイエットや健康のために運動をしようとするのですが、どうやら体がついていかないようです。

そんな形で、途中でやめてしまった人たちの体は、そもそも「運動できる状態」にあったのでしょうか？　ちょっと動いただけで、ここが痛い、あそこが痛い、きつくてついていけないというようでは、運動どころではありません。**運動を継続できずにリタイアする人は、実は運動以前のところに問題がある場合も多いのです。**

現代女性の運動不足、またそれによる体力の低下は深刻な問題になりつつあります。調査によれば、運動習慣を持つ人の割合は30％未満であり、日常的な活動量の指標となる「歩数」の値も大きく減少しています(「国民健康・栄養調査」)。

また、20代女性の基礎代謝量は近年低下傾向にあり、厚生労働省の2010年の改定では、その基準値が見直されました。運動不足や無理な食事制限によるダイエットなどが原因で筋肉量が減少しているためかもしれません。

美容、健康のために運動は大事ですが、その前にまずは快適に動ける「体づくり」から始める必要がありそうです。

骨盤ダイエットが流行るわけ

最近では、骨盤にバンドを巻く「巻くだけダイエット」といった骨盤矯正系のダイエットがブームとなりました。若い女性を中心に爆発的なブームになりましたが、その理由として、現代女性の体力低下が関係しているとも言われます。

骨盤は背骨のいちばん下に位置し、上半身、体幹を支える土台の働きをしています。骨盤にバンドを巻いて向きを整えることにより、その上に連なる背骨全体の姿勢を整えることができます。背骨は体幹を支える骨で体の中心軸と言える部分ですから、この部分の姿勢を整えることはとても重要と言えるでしょう。

筋力不足で体幹の姿勢を腹筋(群)や背筋(群)でしっかりと前後から支えられないと、「猫背」やその反対の「反り腰」といった不良姿勢になってしまいます。こうした不良姿勢が長く続くと体幹が凝り固まってしまい、体がスムーズに動かなくなったり、腰痛や肩こりを誘発するなどさまざまな問題を引き起こします。

体が快適に動かないと、日常の活動量が減少してしまい、肥満の原因になりかねません。また、姿勢が悪いと、お腹周りに脂肪がつきやすくなる可能性もあります。これは美しいボディラインの大敵となります。

骨盤矯正系のダイエットがブームになったのは、筋力が不足しがちな現代女性たちが骨盤を中心に姿勢を矯正することで体調がよくなり、結果としてそれがダイエット効果にもつながっていったからかもしれません。

快適に動ける体づくり　キーワードは「体幹・コア」

そこで本書では、メリハリのある美しいボディラインを手に入れるための手段として、まずは「快適に動ける体づくり」から始めることにしました。着目したのは体の中心軸となる「体幹」です。

体幹は「コア：ｃｏｒｅ」とも呼ばれます。手足の土台となる体の中心部であることから、英語の「芯」「核」に相当するというわけです。スポーツやエクササイズの世界では、日本国内だけでなく海外でも「体幹・コア」の重要性が広く浸透しています。

次章からは体幹の動き、コンディションをよくするための方法として、どれも1分ほどでできるかんたんな体操をいくつか紹介していきます（詳しくは第2章、第3章をご覧ください）。この体操を続けることで背すじが伸びたよい姿勢となり、中心部（体幹）からスムーズに、「快適に動ける体」になっていくのを実感できると思います。肩こりや腰痛改善といったうれしいプラスアルファ効果にもつながるでしょう。

快適に動ける体になれば、普段の生活においての活動量は自然に増えていきます。

体調もよくなって、健康で快適な毎日を過ごせるようになるでしょう。

体幹をしっかり動かし、支えることができるようになると、お腹やせにもつながると考えられます。詳しくは後述しますが、体の中のよく動く部位、よく使う筋肉の周辺の脂肪は分解されやすいことがわかっているからです（ただし、全身の痩身を前提とした上での部分やせについてです）。つまりここが美しいボディライン、きゅっとくびれたウエストづくりのポイントと言えます。

また、手足の土台となる体幹のほかに、手足の根元の部分となる肩甲骨《けんこうこつ》、股関節《こかんせつ》周りの動きをよくする体操も本書では取り入れました。併せて実行すると、さらに効果アップが期待できます。朝の歯磨きのように、登校前や出勤前、または入浴前に行う習慣にしてしまえばしめたものです。

体幹のコンディショニングは「一生太らない体」への第一歩

1分でできる体操と聞いて、あまりにかんたんすぎると疑問を持たれる方がいらっしゃるかもしれません。しかし、ダイエットで重要なのは「無理なく続けられること」。劇的な効果をうたっていても、複雑もしくはハードで続かなければ、意味がありません。

引き締まった美しい体型でありたいのは、頑張ってダイエットしたときだけではないはずです。必要なのは、すぐに劇的な効果は得られなくても、習慣として一生続けられる方法であり、しかもそれが「一生もののスリムな体型」を手に入れる確実な方法であることです。かんたんでラクなのは、習慣化しやすいのがポイントです。

もちろん、無理なく続けるためには「かんたんであること」だけでなく、それ以上にしっかりと「効果」がなくてはいけません。続けることはできても、それで何も変わらないのでは意味がありませんから。

快適に動ける体が運動のモチベーションをアップする

体幹のコンディションを整えることで快適に動ける体をつくり、普段の生活の中できびきびと動けるようになっていくと、それだけ運動量が増えることになります。日常の生活活動も運動の一つですから、日々の活動量が増えるだけでもずいぶん違います。メリハリのある美しいボディラインとなり、お腹やせを中心とした〝やせ体質〟に向けた体の変化につながるでしょう。

さらに、快適に動ける体が手に入れば、これまで続かなかった運動にもしっかり取り組めるようになります。運動へのモチベーションもずいぶんと変わってくるでしょう。体型と体調の変化が、モチベーションを後押ししてくれるはずです。

本書では体幹のコンディショニング法に加え、かんたんな運動法も紹介しますが、物足りなくなったら、ステップアップして他のことに挑戦してＯＫです。

ただし、大切なのは運動についても、それを無理なく一生続けられる習慣にすることです。くれぐれも無理はしすぎないこと。ダイエットも運動も、どちらも一生続けられる長い付き合いにしてください。

お腹がやせる「体幹」体操　目次

第2章　美しいくびれを取り戻すキーワードを知りましょう

第3章　今日から始める「かんたん体幹・コア体操」

第4章　日常生活でもこれだけ体は動かせる

［コラム］

実践！　凹トレーニング

第1章

ポッコリ下腹の真実、ご存じですか？

若い女性の基礎代謝が減っている

「基礎代謝」とは、何もしないでじっとしていても、生きているだけで使われるエネルギー消費量のことです。特に運動をしていない人の場合では、総エネルギー消費量の60～70％を占めるため、ダイエットの観点からも注目されています。

「基礎代謝を上げて食べても太りにくい体を」といったセールストークを聞いたことがあると思います。

数々の研究から、筋トレのような「筋肉をつける運動」をすると基礎代謝が上がることがわかっています。つまり、しっかりと筋肉をつけることは、太りにくい体をつくる上で有効なのです。また、活動的に日々を過ごすためにも(消費カロリーの増加につながります)、美容や健康といった面からも(メリハリのあるボディラインに欠かせません)、筋肉は大切なものだと言えるでしょう。ところが、太りにくい体づくりのカギとなる基礎代謝が、近年の若い女性では下がってきているようなのです。

厚生労働省では、実際に日本人の基礎代謝量を測定したデータに基づいて基礎代謝基準値を策定しています。これは「日本人の食事摂取基準」の中に示されています。

２０１０年の食事摂取基準の改定にともない、基礎代謝基準値の見直しも行われました。その中で、18～29歳の女性の基準値のみ数字の改正が行われました。前基準値の23・6（キロカロリー／kg体重／日）から22・1（キロカロリー／kg体重／日）へと変更されたのです。じつに６％以上も若年女性の基礎代謝量が下がっているというのです。

基礎代謝基準値の減少量は、体重50kgの人の場合では1日あたり75キロカロリーのマイナスになります。このカロリー量を運動に置き換えると、「散歩45分ほど」に相当します。

つまり、近年の若い女性たちは、「基礎代謝が低く、食べただけ太りやすい＝やせにくい体」になってきているわけです。これはかなりショッキングな事実ではないでしょうか。

基礎代謝が減った原因は筋肉不足？

なぜ若い女性の基礎代謝が減ってしまったのでしょうか。その理由は明らかではありませんが、運動不足や過度の食事制限などによる「筋肉量の減少」が原因かもしれません。というのは、除脂肪量（体脂肪を除いた、筋肉や臓器、骨量、水分量の総量）が減少すると基礎代謝が下がるからです。基礎代謝は年を取るにつれて落ちるのですが、その理由の1つとして、除脂肪量の減少が関係していると言われています。

市販の体脂肪計（簡易のもの）で測ったデータによると、若い女性の中には、隠れ肥満と判定される人が多いそうです。隠れ肥満とは、「体重は多くないが脂肪が多く、筋肉が少ない」ということです。大学の授業で行う筋力測定でも、高齢者並みの低い数値を出す女子学生が少なからずいます。筋力が弱いということは筋肉が減っていることの表れと言えます。

実際に「現代女性の筋肉量が、昔の女性よりも減っているか」どうかは、比較する資料がないためわかりませんが、そのような傾向はあるようです。

ますます動かなくなっている現代女性

「国民健康・栄養調査」(平成23年)によると、定期的な運動習慣を持つ女性は全体の29・2％。全体の3分の1にも達していない低い数値です。また、日常的な活動量の指標となる歩数の値も10年ほどの間に1000歩ほども減少しています(26ページ図)。

活動量の減少は、利便性の高い世の中になったことに関係があるようです。昔は炊事、掃除、洗濯など家事に多くの時間を取られていた女性たちも、家電製品の進化とともにつらい重労働から解放され、自由な時間を手に入れることになりました。

歩数の平均値の年次変化 （1日の平均歩数）

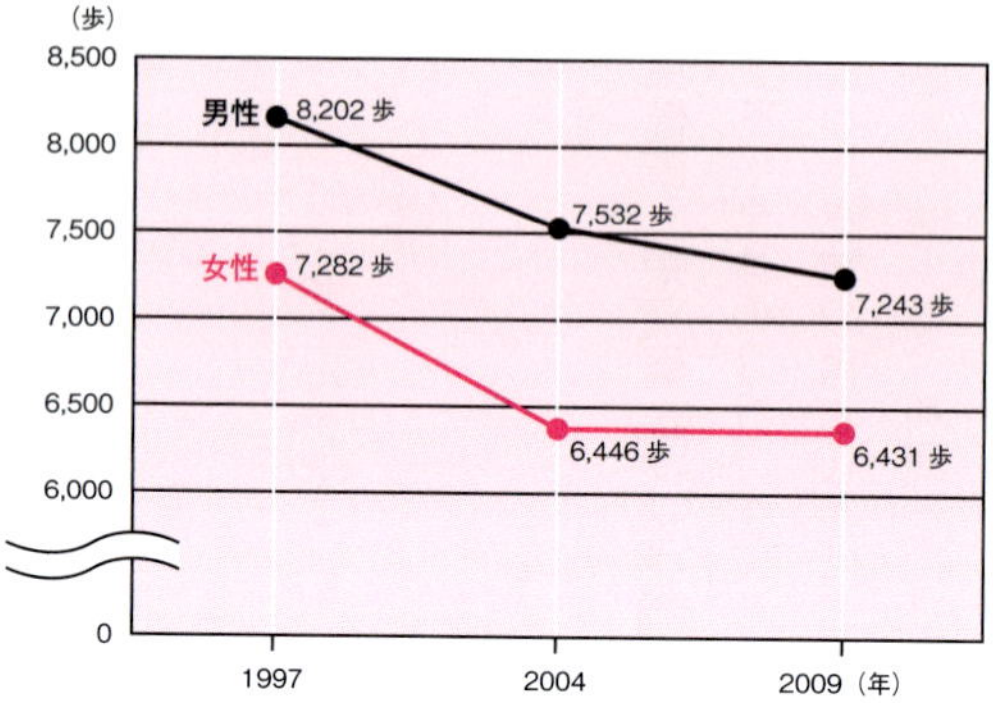

平成23年「健康日本21」最終評価（厚生労働省）より

また、インターネットが普及したことでワークスタイルも変化し、仕事といえばほとんどがパソコン相手のデスクワークが中心になっています。買い物なども家にいながらクリック1つで自宅まで届けてもらえるようになりました。つまり、どこかに出かけなくても、あまり体を動かさなくても、支障なく日常生活が送れるようになっているのです。

言い換えれば、便利な世の中になってきた代償が、運動不足、体力の低下となって表れているとも言えます。

また、こうした環境の変化だけでなく、積極的に体を動かして体力を維持しよう、健康な体にしようという意識が足りないと指摘をする専門家もいます。問題の根は深いのです。

「巻くだけダイエット」がヒットした理由

体幹を支えている腹筋（群）や背筋（群）の筋力が低下してくると、体を正しく支えることができなくなって「猫背」や、「反り腰」のような不良姿勢を招くことになります。これが「姿勢のくずれ」です。姿勢のくずれは、私たちの体にさまざまな弊害をもたらします。

代表的なものが「肩こり・腰痛」です。「肩こり」と「腰痛」は、日本人女性がかかえる問題症状のトップ2といわれ、症状を訴える人の割合は、男性の数値を大きく

有訴者率（女性）の上位5症状　（1,000人あたりの有訴者数）

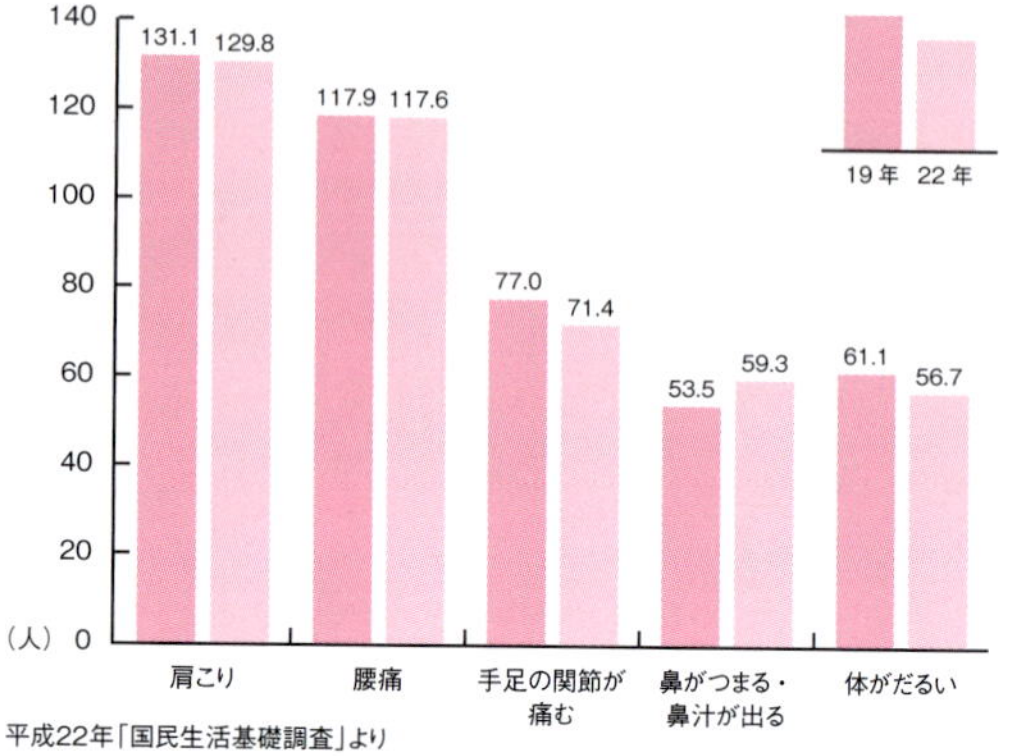

平成22年「国民生活基礎調査」より

上回ります（上図）。

さらに姿勢のくずれはスタイルのくずれにもつながります。

腹筋群・背筋群には、骨格の姿勢だけでなく内臓を支える役割もあります。内臓を支えられないと、内臓の重みで下腹がポッコリと出てきてしまいます。また、腹筋、背筋を普段からうまく使っていないとその周辺に脂肪がつきやすくなる可能性もあります。それほど体重は多くないのに、ポッコリ出た下腹やくびれのないウエストラインを気にしている女性は多いと思います。隠れ肥満の女性には、ウエストラインの問題に悩んでいる人が多いのです。

「巻くだけダイエット」といった骨盤矯正によるダイエット法がブームとなっているのは、**「正しい姿勢を取り戻し、維持することの重要性」が世の中に浸透してきたから**だと思います。骨盤矯正によるダイエットは、背骨のいちばん下に位置する骨盤の向きを整えて不良姿勢を改善し、体調を整えることで健康的にやせようという方法だからです。

他にも「〜だけ」という言葉が女性を引きつけたり、本を買うと骨盤矯正用のバンドが付録としてついていたり、といった演出もブームを後押ししたことは確かですが。

「体幹・コア体操」で快適な体づくりから始めよう

では「しっかりと筋トレをして筋肉をつけましょう」と言いたいところですが、そうかんたんにはいきません。もちろん筋肉がつけば背すじの伸びたきれいな姿勢をキープすることもできますし、基礎代謝が上がれば太りにくい体に変わるでしょう。でも、それはずっと「続けられてこそ」のお話です。

実際はどうかというと、日本人女性で運動習慣を持つ人の割合は29％に過ぎません。無理なく続けられるならもちろんそれに越したことはありませんが、しっかりした運動を継続するのはラクなことではありません。続かないダイエットを繰り返しても、「やせる↓安心して食べる↓リバウンド」を繰り返すだけ。序章でも言いましたが、期間限定のダイエットは効果もまた期間限定なのです。

そこで、まずは、快適に動ける体づくりから始める体操に取り組んでほしいのです。

1．体幹を自在に動かす
2．体幹をしっかり固定する
3．体幹にある腹横筋というインナーマッスルを動かすという3つのかんたんな(基本的な)体操を行うことで、姿勢の中心軸を整えるところから始めます(詳しくは第3章をご覧ください)。

よい姿勢をキープできれば、普段から腹筋群・背筋群が使われることにもなります。したがって、姿勢を支える筋肉も自然に強くなっていくでしょう(もちろん、しっかりと筋肉を鍛えるほうが筋力強化にはより効果的ですが)。

よい姿勢になれば、「腹筋群・背筋群がよく使われる→よく使うから筋肉はさらに強くなる→強くなるからよい姿勢を長くキープできる」という好循環を生むことになるでしょう。

逆に腹筋群・背筋群が怠けた不良姿勢は、「腹筋群・背筋群を使わない→使わないから弱くなる→弱くなるから姿勢を支えられない」という悪循環に入ってしまいます。

バンドなどを巻くことで姿勢を整えるというのも1つのよい方法だと思いますが、できれば自分の力で直したいものです(バンドを巻く方法でも最終的には自立できることを目指しているようです)。ぜひ、トライしてみてください。

体が快適になれば活動量も増える

体幹・コアをかんたんな体操で整えれば、姿勢を改善することができ、動きの改善にもつながります。**姿勢の中心軸は動きの中心軸でもあるからです。**

胴体部分の体幹は、手足の土台をなしています。多くの動きは手足を動かすことで行いますが、その動きは土台である体幹・コアから起こります。**体のコアである体幹の動きをよくする体操を行うことで、体の芯からスムーズに動けるようになるのです。**

そして、体が快適にスムーズに動くようになれば、日常の活動量も自然と増えていきます。そうすればカロリー消費も増えるため、ダイエット効果につながります。本書では日常からキビキビ動くための工夫も紹介していきますので(第4章)参考にしてください。

普段あまり体を動かしていない女性ほど、体幹が凝り固まって動きが悪くなっている場合が多いようです。そういう人ほど、体幹・コアの状態を整えることによる恩恵は大きくなるでしょう。

また、**体幹の筋肉がよく使えるようになると、その部分に脂肪がつきにくくなるというされしい効果も期待できます。**

快適になった体で次のステップへ

体幹・コアをコンディショニングするかんたんな体操を続け、日常からキビキビとよく動けるようになってきたら（日常の活動量が増えれば体はさらに快適になるという好循環が生まれます）、次の段階として、少しずつ運動を始めてみるとよいでしょう。

ポッコリ下腹が徐々に凹《へこ》んでくるころには、以前と比べて体が軽く、自在に動かせ

る楽しさがわかるはずです。せっかく快適に動けるようになってきたのなら、無理のない範囲で何か運動を始めるのはとてもよいことです。

ただし何度も繰り返しますが、続かないことを繰り返しても体は変わりません。ですから決して無理はしないこと。本書の第6章では、ちょっとしたすきま時間などに「ながら」でできるかんたんスロトレ（スロートレーニング。かんたんな筋トレ法のこと）や、無理なくできる有酸素運動の方法を紹介します。これらの方法をできそうな範囲で取り入れていただければと思います。

もちろん、テニスや水泳などの別の運動を始めるのもよいと思います。

ここまでの流れをまとめると、

1．かんたんにできる「体幹・コア体操」を習慣にして快適に動ける体をつくる
2．日常からキビキビと体をよく動かす生活を心がける
3．無理のない範囲での習慣的な運動につなげる

となります。「無理なく」「続けられる」体づくりから、運動の習慣化を目指してください。

COLUMN 01
地方の人ほど歩かない!?

1日あたりの歩数のデータを見ていると、面白いことがわかります。

都市に住む人と地方に住む人を比べた場合、都市の人のほうが歩数の数値が高い、つまりよく歩くという結果が出ているのです（次ページ図参照）。

たとえば、東京、神奈川、大阪、兵庫といった都市圏は1日あたりの歩数が7500歩を超える高い値であり、全国の都道府県の上位を占めています。一方、6500歩以下の低い値の県をみると、山形、和歌山、岩手といった地方の県が並んでいます。

　しかも歩数の多い県ほど肥満者の割合が低く、少ない県ほど肥満者の割合が高い傾向があります。普段から活動的に動いて歩数を増やすことが〝やせ体質〟につながっているのでしょう。

　こうした結果の主な要因は、「鉄道社会か車社会か」の違いにあると考えられます。

　都心の場合、主な移動手段は電車や地下鉄です。駅までの歩きに加えて乗り換えも多

都道府県別の歩数と肥満との関係　（20歳以上の女性対象）

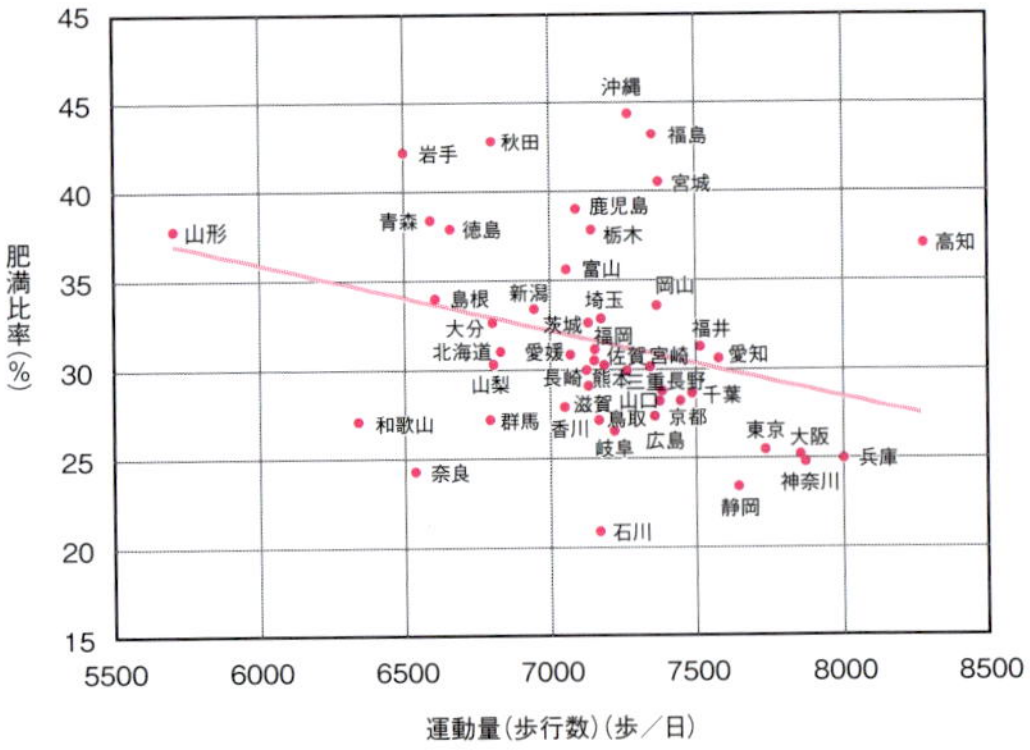

「食育白書」平成20年版 より

いので、駅構内での歩数も少なくありません。これに対して、地方では移動の手段といえば車です。自宅に車庫がある家庭が多く、また目的地のすぐそばに駐車場があるため日常的に歩く機会がほとんどありません。笑い話のようですが、「ゴミを捨てに行くのにも車を使う」というのも嘘ではないのです。ほんの数百メートルの移動でも車を使うことがあたり前。さながら「車病」とでも言えそうです。

極度の車依存は、運動不足による肥満や筋肉量の低下を誘発しかねません。さらに恐ろしいことに、肥満は心筋梗塞などの生活習慣病のリスク、いわゆる「メタボリックシンドローム」という問題まで抱え込むことになるかもしれないのです（次項で詳しく解説します）。車ばかりに頼らずに歩ける距離は歩いて移動するようにしたいものです。

メタボは男性だけの問題ではありません

心筋梗塞や脳梗塞、糖尿病といった生活習慣病は、いずれも死に直結する非常に危険な疾患です。メタボリックシンドローム(通称メタボ)になると、生活習慣病になるリスクが高くなると言われています。

「ああ、でっぱりお腹の男性のことでしょう？」と、我関せずの女性が多いと思います。「メタボ＝男性」といった認識をお持ちの女性が多いようですが、女性だって安心はできません。また、メタボは「でっぱりお腹」という見た目だけの問題では当然ありません。厳しい言い方をすれば「命にかかわる」問題と言えるのです。しかも、女性の場合、メタボの判定基準は男性よりも甘くなっています(女性：ヘソの位置の周径囲90㎝以上、男性：85㎝以上)。これは女性ホルモンのエストロゲンに悪玉のコレステロールを下げる働きがあるため、動脈硬化が進みにくく心不全や脳梗塞などの動

Framingham研究における心血管系疾患の発生率

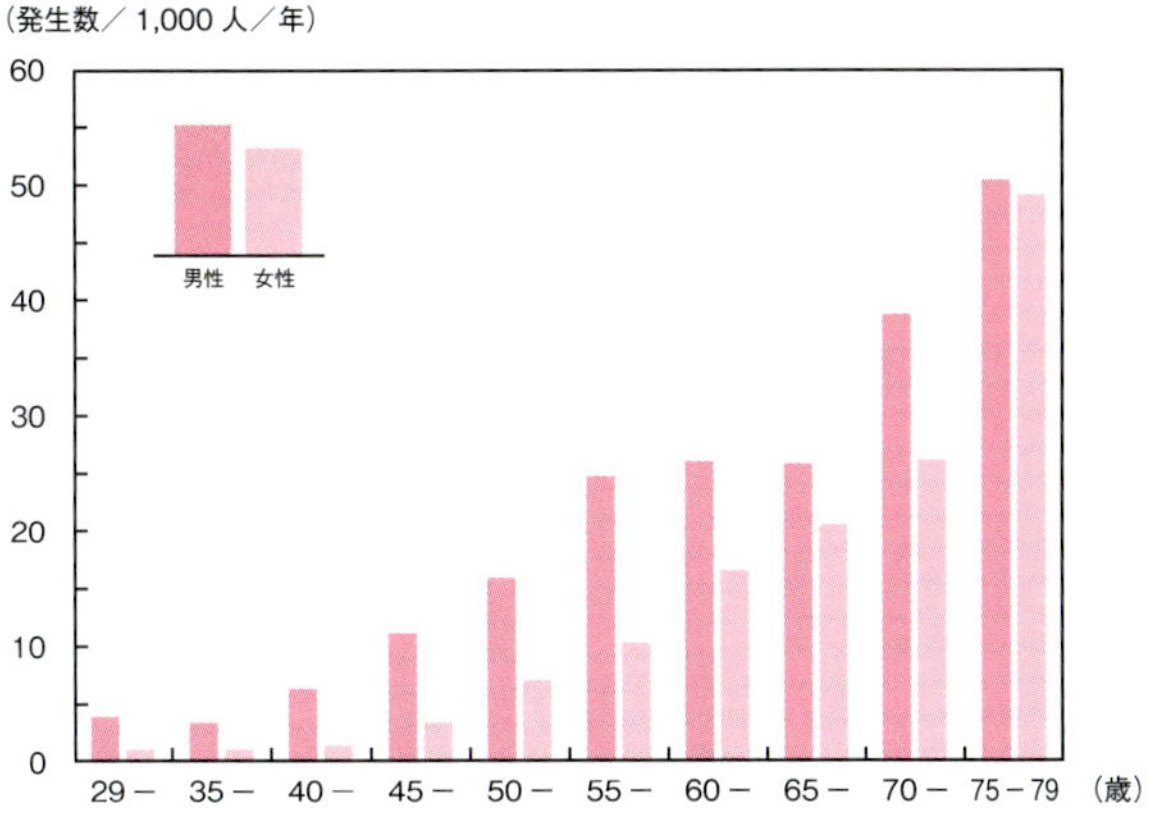

Kannelら 1976 より

脈・血管系の疾患にかかりにくいという特徴があるからです。そのため、女性は男性よりも「10年ほど疾患の発症が遅れる」とも言われています。

しかし、エストロゲンの恩恵にあずかれるのは閉経まで。閉経を過ぎた50歳くらいからエストロゲンの分泌量が低下し、女性の悪玉コレステロールは男性を上回るくらいにまで急激に上昇します。そして心不全や脳梗塞などの発症率も増えていくのです。

マサチューセッツ州のフラミンガムで行われたフラミンガムスタディという研究報告（アメリカの有名な大規模

疫学研究）があります。この研究報告によると、**女性の心血管系疾患の発生率は50歳代から増え始め、60歳代くらいからは男性に迫る値となっています。**日本人の疫学研究でもおよそ似たような傾向が見られています（39ページ図）。

つまり、メタボは男性だけの問題ではないのです。50歳、60歳になったときに深刻な状態にならないように、今のうちから気をつけておきたいものです。生活習慣病はその名の通り、生活習慣で防げるのですから。

第2章

美しいくびれを取り戻すキーワードを知りましょう

ダイエットは習慣として継続することに意義がある

ダイエットには「目標（○kgやせたいとか、ウエストを○cm減らしたいなど）」と「ゴール（水着を着る夏まで、秋の結婚式まで、同窓会までなど）」がつきものです。

どんなにつらい食事制限やエクササイズでも、水着姿のスリムな自分やウエディングドレスを着た自分の姿を想像したり、「いつまでに」という期限が設定されていることで案外頑張ることができてしまうものです。これは、ダイエットが普段の生活から かけ離れた、「ハレの日のイベント」のようなものだからでしょう。

しかし、そのイベントが終わってしまったらどうでしょうか。目標もゴールも失ったあとは、すぐに以前の食生活や生活習慣に逆戻り。せっかく努力して達成した数値も、あっという間に元に戻ってしまうでしょう。

ダイエットは、「期間限定」でよいのでしょうか？ 特定の期間だけ集中して頑張るのも1つの方法ですが、それよりも、習慣として続けること。そのほうが大事なはずです。そのためには無理なく実行できる方法でなければいけません。ハードな運動や厳しい食事制限が一時的なものになってしまうのは、続けていくのが難しい内容だからです。

マラソンランナーを思い浮かべてみてください。彼ら(彼女たち)はゆっくりと自分に合ったペースで走るからこそ、42・195㎞という長い距離を走り抜くことができるのです。もしも、トラック競技の短距離走者のように最初から全力疾走で駆け出したとしたら、1㎞ももたないでしょう。同じゴールを目指すのでも、みなさんにはマラソンランナーのように「自分なりのペース」で長く走り続けるほうを選んでほしいのです。

朝起きて歯を磨くように、生活習慣の一部に組み込めるようなダイエットが理想です。そのための方法を本章で提案していきます。

くびれづくりのキーワードは「体幹・コア」

くびれづくりのキーワードとして本書で注目したのが「体幹・コア」です。体幹とは解剖学的には「腕、脚、頭部を除いた胴体部分」のことを言います。この部分を構成する骨格(骨)は、骨盤とその上に連なる脊椎《せきつい》(背骨)です。動作にはかかわらない部分を含めると、内臓を保護する肋骨《ろっこつ》部分も体幹に入ります(45ページ図)。

胴体部分を構成する体幹は「姿勢」を支える中心軸であるだけでなく、手足の土台をなすことから「動き」の起点としても中心的な役割を果たします。そのため、体幹は英語で「芯」「核」を意味する「コア：core」とも呼ばれるのです。

スポーツの世界では早くから体幹の重要性に注目していて、体幹を鍛え、体幹の機能を改善させることを目的とした「コアトレーニング」を実践してきました。スポーツをする際に重要な役割を果たす体幹は、日常で体を動かすとき、つまりはダイエッ

体幹を構成する骨格

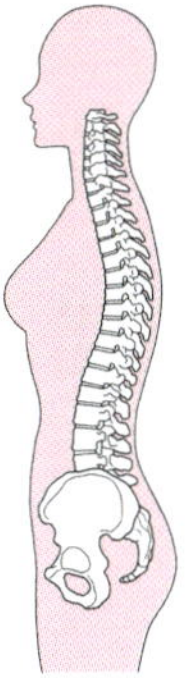

体幹の動きはそれを構成する24個の脊椎（背骨）と骨盤の動きによって起こります。

トでも重要な役割を果たします。

そこで、この章では体の中心軸をなす体幹部のコンディションを改善する「かんたん体幹・コア体操」を紹介します。

この体操を続けることで、次の３つの効果が期待できます。

◎効果1

猫背、反り腰といった不良姿勢が改善。正しい姿勢が身につくため、肩こりや腰痛などの不快症状が緩和する。快適な姿勢でスムーズに動ける体になり、日常の活動量も増える（消費エネルギーが増加する）。

◎**効果2**

体幹を支える腹筋群・背筋群を普段から意識してしっかり使えるようになるため、お腹周りの脂肪が使われやすくなる。また内臓をしっかり支えるようになるので、下腹の出っ張りが改善される(お腹周りの脂肪が燃焼する)。

◎**効果3**

動きの中心となる体幹の働きをよくすることで、快適にスムーズに動ける体になる。中心の体幹から動作できることで日常の活動量も増える(消費エネルギーが増加する)。

どれも1分ほどでできるかんたんな体操なので、運動経験のない方でも大丈夫。無理なく習慣として実行できると思います。

「かんたん体幹・コア体操」と姿勢の改善

「かんたん体幹・コア体操」を続けると、姿勢がよくなるというメリットがあります。

背すじの伸びたよい姿勢は、背骨のＳ字カーブを体幹の前後にある「腹筋群・背筋群で支えること」で維持しています。また、お腹の深部にある腹横筋という筋肉も、姿勢を支えるために働いています。

「かんたん体幹・コア体操」は、これらの筋肉を使って体幹をしっかり動かし、支えるようにする体操ですから、姿勢の改善に役立ちます。

第1章でも触れましたが、女性が抱える不調のトップ２「肩こり」「腰痛」の主な原因は、猫背や反り腰などの不良姿勢だと考えられています。つまり、背骨を支えるための腹筋群・背筋群が十分働いていないために「よい姿勢」が保てない。だから体の調子も悪くなると考えられるのです。

体に不快な症状があると、どうしても体を動かすのが億劫《おっくう》になり、日常の活動量が減少します。ですから逆に、体を常に快適な状態にすることができれば、日常の活動量を増加させることが期待できるわけです（効果1）。「姿勢の改善↓肩こり・腰痛の改善↓快適な体↓活動量が自然に増加」という流れです。

また、姿勢がよくなると、普段からお腹周りの筋肉をしっかり使うようになるため、腹筋群・背筋群の強化にもつながります。「よい姿勢」をキープできれば、「腹筋・背筋群の筋肉」を強化できますし、筋肉が強化されれば、「よい姿勢のキープ力」も上がる、という好循環を招きます。一方、くずれた不良姿勢のままでいることはその逆。負の悪循環になるのです。

また、普段からお腹周りの筋肉を使ってよい姿勢を維持できれば、「お腹やせ」につながる可能性が高くなります。よく動かす部分の脂肪は分解されて使われやすくなる、つまり脂肪が減りやすくなるわけです。

腹筋群がしっかり働けば、背骨と同時に内臓もしっかり支えてくれますから、内臓の重みで下腹がポッコリとふくらむこともなくなるでしょう（効果2）。

よい姿勢を保つことで、こんなによいことが続くのだということがおわかりいただけたのではないでしょうか。

理想的な姿勢をチェックする

理想的な姿勢とは「土ふまず」「膝《ひざ》」「股関節《こかんせつ》」「肩」「耳」の５点が、地面からほぼ垂直な一直線上に並んだ状態とされます。

しかし、体幹の筋肉が怠けてしまうと、あごが前に出て背中が丸くなる「猫背」や、腰が反り返った「反り腰」といった不良姿勢になります。

特に反り腰は、「胸を張ったよい姿勢」のように見えるので見過ごされがち。「姿勢はいいのに腰に痛みを感じる人」、「立っているときにお腹周りに力がほとんど入っていない人」は反り腰になっていないかチェックしてみてください。

猫背の場合は、あごを引いて胸を張る。反り腰の場合は、お尻をキュッと締めるようにして立つ。このようにすると、不良姿勢を矯正できます。一方で、よい形をキープするには、体幹の筋肉でその姿勢をしっかりと支えなければいけません。

したがって、しっかりと動かせて支えられる体幹をつくる「かんたん体幹・コア体操」が姿勢矯正の役に立ちます。

理想的な姿勢のチェック

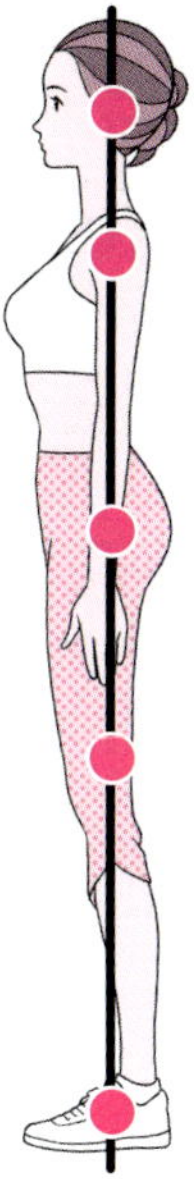

理想的な姿勢

猫背

反り腰

理想的な姿勢とは「土ふまず」「膝」「股関節」「肩」「耳」の5点が、地面からほぼ垂直な一直線上に並んだ状態とされます。

体幹・コアとお腹の部分やせ効果

これまで何度も、「よく動かす部分の脂肪は取れやすい」、つまり「部分やせ効果が期待できる」というお話をしました。このことについて少し説明します。「部分やせ」に関しては、専門家の間でも「できる」「できない」の賛否両論に分かれています。というのも、「部分やせ」をどうとらえるかについての問題があるからです。

何かをすることで「ある部分」ばかりがみるみるやせるかといえば、それは難しいでしょう。一方で、やせていくときは全身が全く同じようにやせる（つまり部分ごとに差がない）かといえば、それも違います。

脂肪燃焼の仕組みから考えると、「全身やせを実現する中で、ある程度は特定の部位の脂肪を優先的に減らすことは可能である」と解釈するのが正しいのではないかと思います。

では、どうすれば標的となる部位の脂肪を、より多く落とせるでしょうか。

その答えは、「落としたい部分の筋肉を、よく使い、よく動かす」ことです。経験的にもこのことはよく知られています。例えば減量中のボディビルダーは、腹筋運動をとことんやり続けることでお腹周りを特に絞り込んでいくのです。

体についた脂肪が燃焼されてエネルギー源として使われるには、

ステップ1　まず、体脂肪として脂肪細胞に蓄えられている中性脂肪が「分解」されて、遊離脂肪酸の形で血液中に放出されること

ステップ2　次にその遊離脂肪酸が筋肉や臓器などに取り込まれて「燃焼」されること

という2つのステップが必要です。

脂肪の分解は、「よく動かす部位」で起こると考えられているので、ステップ1の脂肪の分解を標的の部位(ここではお腹)でより進みやすい状態にしてやれば、その部

分の脂肪がより減りやすくなると言えます。

事実、運動する際に使われた筋肉の周辺にある脂肪の分解は、他の部位の脂肪よりもよく進むという報告や、マッサージを受けたとき(その部位がよく動いている)、その周辺ではノルアドレナリン(強い脂肪分解作用がある)というホルモンの分泌が局所的に起こるという報告もあります。

つまり、「よく動かす部位の脂肪は取れやすく、逆に、動きの悪い部位には脂肪がつきやすい」という体の反応を上手に使ってこそ、部分やせは可能になります。

体幹・コアを整えて快適に動ける体に

歩く、走るといった日常の動作や、跳ぶ、投げるといったスポーツ特有の動きは、

手足の土台となる体幹は重要な体のコア

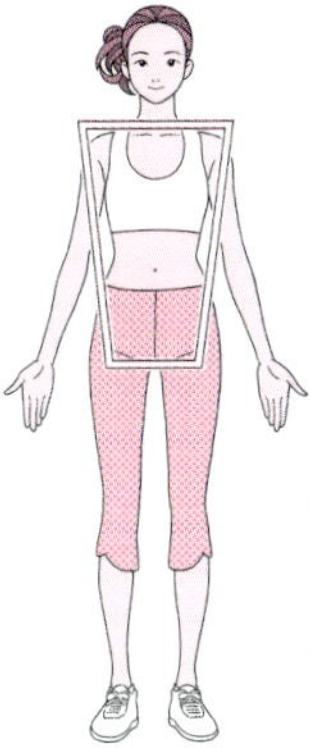

腕、脚の根元はすべて土台となる体幹から始まっています。体幹がしっかりしていないと手足の動きも強く行えません。

主に腕や脚の関節運動によって行います。体幹の骨格をなす骨盤と背骨の動きが主となって動作を行うわけではありません。

では、体幹は何をしているかというと、大きな関節運動を行う腕や脚の「土台となる部分」として働いているのです。腕、脚の根元は体幹から始まっています（上図）。土台である体幹自体も、目に見えて動きのわかる腕、脚ほど大きな動きではありませんが、関節運動を行って動作に貢献しています。

例えば、歩くときは大きく体幹

をひねることで脚を腰(付け根)から大きく回し、さらに振り出すことでストライド(歩幅)を伸ばします。立ち上がる動作では、背中を丸めて反らす動作を行っています。脚だけの動きで立ち上がるわけではないのです。

試しに体幹を動かさずに、手先や足先だけの動きで日常の動作をやってみてください。大きくしっかりと動かすことができないのがわかるでしょう。

そして、もう1つ、体幹が身体動作において果たす重要な役割があります。それは、**体幹をしっかりと固定することで「安定した手足の土台をつくる」という働きです。歩く、走るといった基本的な動作において、実際に大きな動きを起こすのは腕や脚の関節運動ですが、その足場がしっかりしていなければ、十分なパワーを発揮することができません。**

オーストラリアのグループによる研究では、人に腕や脚を動かす運動課題を与えると、その動きに先行して腹筋群や背筋群といった「体幹の筋肉群」の筋活動が起こることが示されています。つまり、腕や脚を動かす動作では、実際に動き始める前に、まずはその土台となる体幹を安定させるために「土台を固める」動作をしています。

つまり、体幹・コアは、

●手足の土台部分として、腕や脚の動作の起点となる（体幹動作）
●腕や脚の動きをスムーズにするため、安定した土台となる（体幹固定）

という大切な役割を担っているのです。

普段からあまり体を動かさない人ほどこの2つの体幹の働き、「体幹動作」「体幹固定」がうまく機能しなくなっているようです。体幹の動きが悪い人の中には、胴体が1つの塊《かたまり》のように凝り固まってしまっているケースもあります。これでは体幹・コアが持つ、全身の動きの基盤としての重要な役割は果たせないままです。

「かんたん体幹・コア体操」で改善してあげれば、体幹と体の各部分の動きがスムーズに連携し、体が快適に動かしやすくなります。動きがスムーズになれば、日常の活動量も自然と増えてくるでしょう（効果3）。

快適に動ける体づくりのための3つの「かんたん体幹・コア体操」

それでは「かんたん体幹・コア体操」を始めてみましょう。

目指すのは、「体幹を十分に動かすことができる」「体幹を意識して固定できる」、さらに「インナーマッスルの腹横筋の動きを覚える」の3つです。これらを達成できれば、快適に動ける体ができあがります。紹介するのは無理なくかんたんにできる3種類の体操です。いずれも1〜2分ほどの短時間でできるかんたんな方法です。

1・体幹動作1分体操

まずは、**体幹を自在に動かせるようになるための体操です。**動きのわかりやすい手足とは異なり、体幹は構成する背骨、骨盤の動きが外からは見えないため、意識して動かしにくい部分です。普段、あまり体を動かす習慣のない人は、胴体が1つの塊のようにガチガチに凝り固まっていることも多いようです。この状態では、体をコアからしなやかに動かすことができません。肩こりや腰痛の原因にもなるでしょう。

体幹動作1分体操では、体幹部を大きくゆっくり動かすことで、芯からほぐれた体にすることを目指します。

2・体幹固定1分体操

2つ目は、**体幹をしっかりと固定する能力を高める体操です。**体幹の骨格をなす背骨を前後から支える腹筋群・背筋群などを使って、しっかりと体を支えます。

この方法は、体幹固定力の重要性が浸透してきたスポーツの現場で、近年アスリートの間で行われているものです。ただし、私たちが目指すのはアスリートレベルではありませんので、ここではソフトバージョンにアレンジした方法をご紹介します。

3・お腹凹ませ1分体操：ドローイン

3つ目は、体幹の重要な深部筋（インナーマッスル）である腹横筋を使った「ドローイン」というお腹を凹ませる体操です。

腹筋の深層にあり、腹巻のように内臓を取り囲む腹横筋は、体幹を支える陰の主役です。ドローインも近年アスリートの間で注目度が高く、よく行われている方法です。こちらも比較的かんたんにできるソフトにアレンジした方法から紹介します。

この3つの体操は誰にでもかんたんにできるものであり、時間もそれほどかかりません。毎日少しずつ続けることで、次第に体が大きくフレキシブルに動くようになり、しっかりと固定できる体幹の状態をつくっていきます。

ただし、この3つの体操を始めても、短期間で劇的に体型が変わるようなことはありません(ラクして劇的な効果を得られる魔法はありません)。しかし、「肩こり・腰痛などの改善」、「体を動かす心地よさ」、「スムーズに体が動く快適さ」という点では、すぐに効果が現れます。

また、こうした効果が、体操を習慣化させるモチベーションになると思います。続けていけば美しいボディラインに近づけるでしょう。ぜひトライしてください。

3つのコア体操で動ける体づくり

1. 体幹動作1分体操

フレキシブルに大きく動く柔軟な体幹をつくる。体の中心のコアからしなやかに動く体に。姿勢の改善の第一歩もここから。

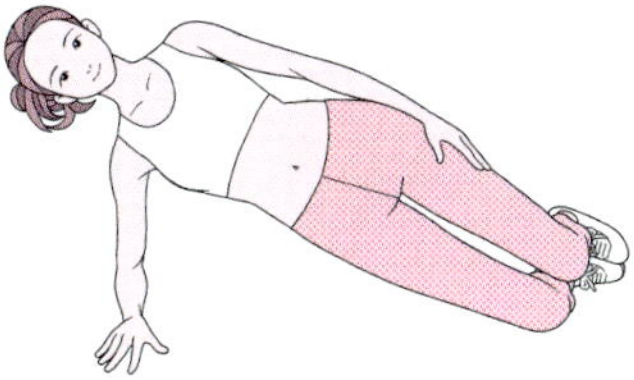

2. 体幹固定1分体操

体幹をしっかり固定する能力を高める。手足を十分に動かすには、その土台となる体幹をしっかり安定させることが大切。

3. お腹凹ませ1分体操

お腹の奥にあるインナーマッスルの腹横筋を動かして、お腹を凹ます体操。腹横筋は体幹を支える陰の主役。

COLUMN 02

南国系エクササイズのお腹やせ効果

フラダンス、ラテンダンス、さらにはそれをアレンジした南国系のダンスやエクササイズが流行っています。これらの動作の特徴は、「肩のラインは動かさずに、腰(骨盤)だけを動かす」ところにあります。フラダンスは腰をゆりと動かし、ラテンダンスは激しく腰を振るセクシーなものです。

実はこの「肩を止めて腰を動かす動作」で動いているのは、体幹です。肩のラインを動かさないということは、体幹を構成する背骨の上の部分を固定しているということ。そして腰を動かす動作で背骨の下端につく骨盤を動かしています。体幹(を貫く背骨)の「上を止めて下を動かす」ことで間の体幹部を大きく動かしているのです。

つまり南国系ダンスやエクササイズは、体幹を自在に動かす体幹動作トレーニングの要素を含んだ運動と言えます。また、息の上がる有酸素運動としての効果もあります。お腹やせのエクササイズとして注目されるのも、納得ですね。

本書で紹介する「かんたん体幹・コア体操」で体幹の動きをマスターしたら、今度はこれらのダンスやエクササイズに挑戦するのもよいかもしれません。ただし、動きが激しいものは腰を痛めないように注意してください。

第3章

今日から始める「かんたん体幹・コア体操」

①体幹動作1分体操

体幹を柔軟にしっかり動かすことが第1のテーマ

背すじの伸びた美しい姿勢のために、体幹からしなやかに快適に動ける体づくりのために、まずは「体幹」をきちんと動かせるようにしましょう。

体幹を構成する骨格(骨)は、45ページで示したように、24個の背骨とその土台となる骨盤からなります。体幹の動きは、骨盤上に連なる「背骨の動き」によって起こり、前後左右に曲げたり、ひねったりと多様な方向にかなり大きく動くことができます。

なお、骨盤は背骨のいちばん下にある仙骨《せんこつ》とほぼ一体化して動くため、関節運動としては骨盤の動きも「背骨の動き」の一部と考えて問題ありません。

このように、体幹は、構造上は大きく動かすことができます。ですが、関節の動き

が外からわかりにくいこともあって、自在に動かすのはなかなか難しい部分でもあります。普段体を動かさない人ほどその傾向が強く、姿勢のよくない人は、体幹の動きが悪いために体幹の筋肉や関節が凝り固まってしまい、さらに動きが悪くなっていくケースもあります。ひどくなると体幹がまるで1つの塊のようになってしまい、ほとんど動かない人もいるほどです。

第2章で説明したように、よく動く部分の脂肪は分解されて使われやすく、逆に動きの悪い部分の脂肪は使われにくい。つまり脂肪がつきやすくなります。**まずは「体幹動作1分体操」で、体幹・コアの部分を大きくしっかりとよく動かせるようになることから始めましょう。**

「体幹動作1分体操」では、体幹の基本的な動きである「体幹屈曲・伸展体操」「体幹側屈体操」「体幹回旋体操」の3つの体操を行います。

どれもまずは、体の軸となる体幹のみを動かします。体幹・コアの部分をよく意識しながら動作を行ってください。続いて、腕の振りも使って、脚の付け根の股関節から大きく全身を動かします。このときも、全身を使った大きな動きの中で、軸となる体幹がしっかり動いていることを意識するようにします。体幹の前後の動き(屈曲・伸展)、左右の動き(側屈)、ひねる動き(回旋)をよく意識しながら、ゆっくり、ていねいに、大きな動作で行うのがポイントです。

また、アレンジ法として道具を使った体操も紹介します。バランスボールを使った骨盤体操です。できるだけ肩から上をその場にとどめながら大きく腰を動かします。ボールを使うことで、スムーズに大きく腰を動かすことができるでしょう。

目安となる回数は、それぞれ往復で5回(片道で10回)。ゆっくりとていねいに行うよう心がけてください。1種目にかかる時間は10～20秒ほど。基本の動きの3つに、それぞれ全身動作のアレンジを加えて、全部で6種目行っても1～2分程度でできます。

体幹動作1分体操+αの4種目
肩甲骨・股関節の体操

腕や脚の根元は、体幹の動きと同様、自分ではなかなか意識しにくい部分です。動きが少しくらい悪くなっていても、気づかない場合がほとんどかもしれません。そこで、「体幹動作1分体操」と併せてかんたんな体操を行い、腕や脚も根元から大きくしっかり動く体にしていきましょう。

腕というと「肩から先だけが動いている」とイメージする方が多いかもしれませんが、実際は腕の根元の肩自体が、体幹に対して大きく動いています。

その肩の動きをつくっているのが、肩甲骨です。肩を上下、前後させる体操で肩甲骨をしっかり大きく動かし、腕を根元から大きく動かせるようにしていきます。

脚も同様に、付け根の股関節から大きく動かす体操で、膝先だけでなく根元から大きく動かせるようにしていきます。

腕、脚を手先、足先だけの小さな動きではなく、根元の肩甲骨、股関節から大きく動かせるようにすることで、全身の動きがダイナミックに快適に行えるようになるはずです。

また、肩周りの動きをスムーズにすれば、肩こりの予防にも有効です。

体幹動作1分体操①

体幹屈曲・伸展体操

往復5回、1往復2〜3秒程度

◎体幹屈曲・伸展

（体幹動作のみ）

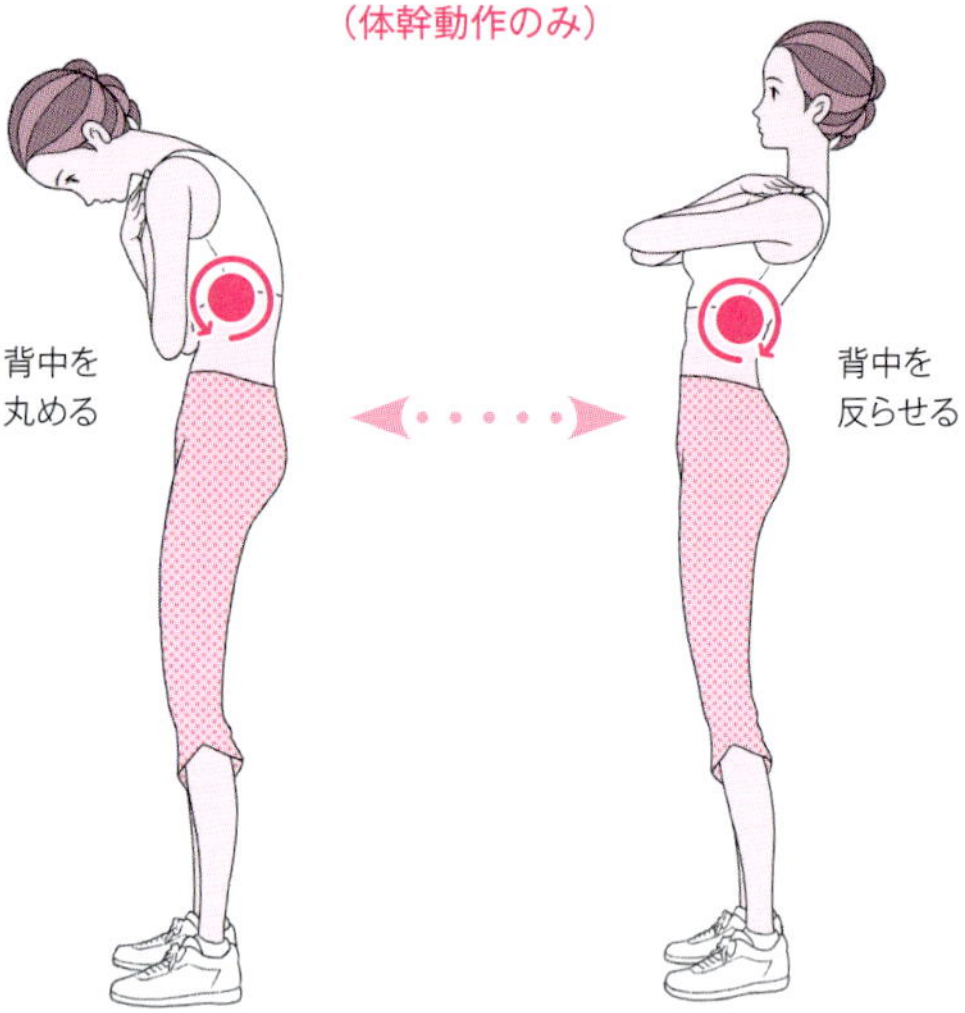

1 みぞおちのあたりを中心に、おへそをのぞき込むように背中を丸める。

2 同じように、みぞおちのあたりを中心に、胸を張って背中を反らせる。

◎体幹屈曲・伸展
（全身の動きをつけて）

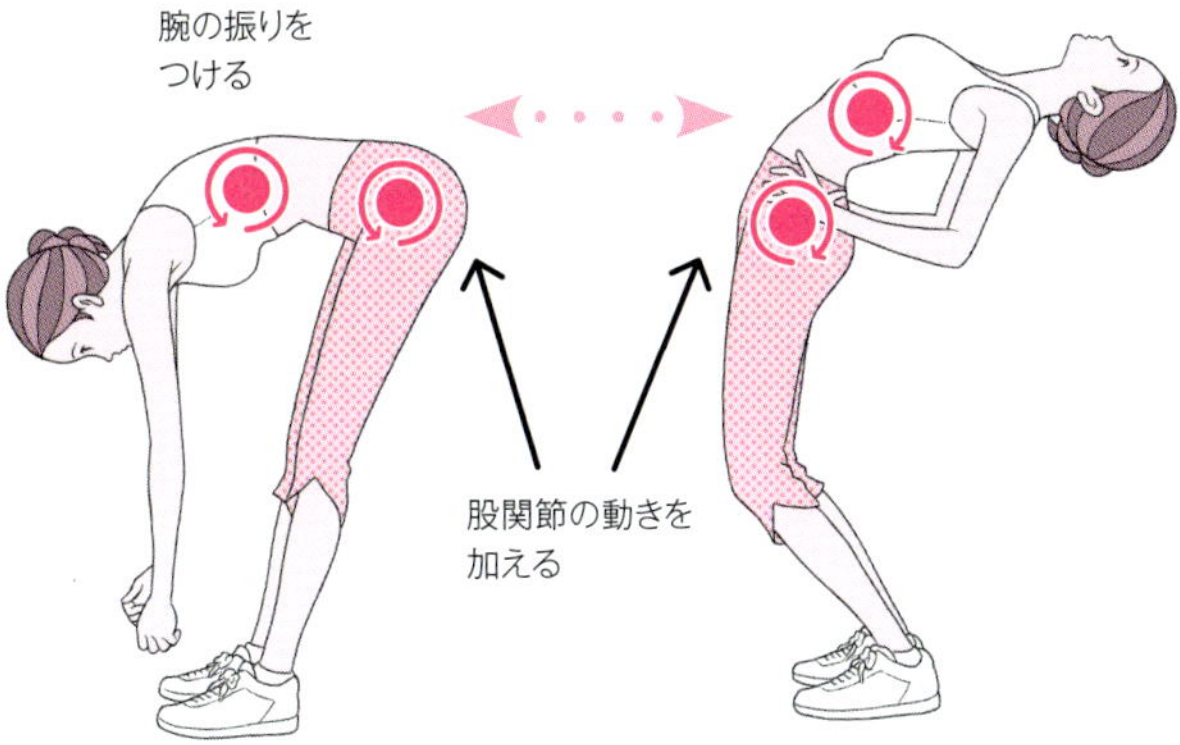

1　脚の付け根の股関節の動きを加え、腕の振りもつけて大きな動作で行う。

2　次に背中を大きく反らせる。全身を使った大きな動作となる。

体幹動作1分体操②

体幹側屈体操

往復5回、1往復2~3秒程度

◎体幹側屈

(体幹動作のみ)

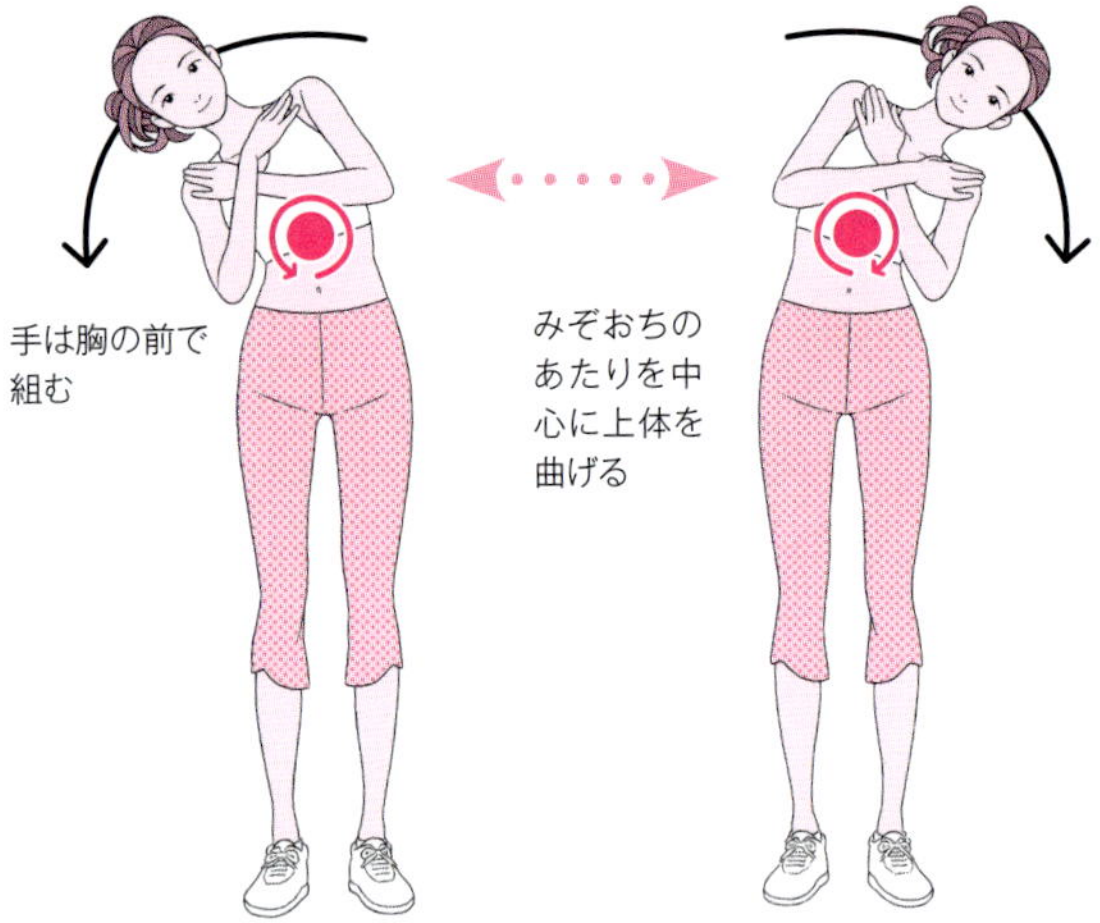

1 みぞおちのあたりを中心に上体をゆっくり横に曲げる。前かがみにならずに横方向のみに動かすこと。

2 同じように反対側にもゆっくり曲げる。手は邪魔にならないよう胸の前で組む。

◎体幹側屈
（全身の動きをつけて）

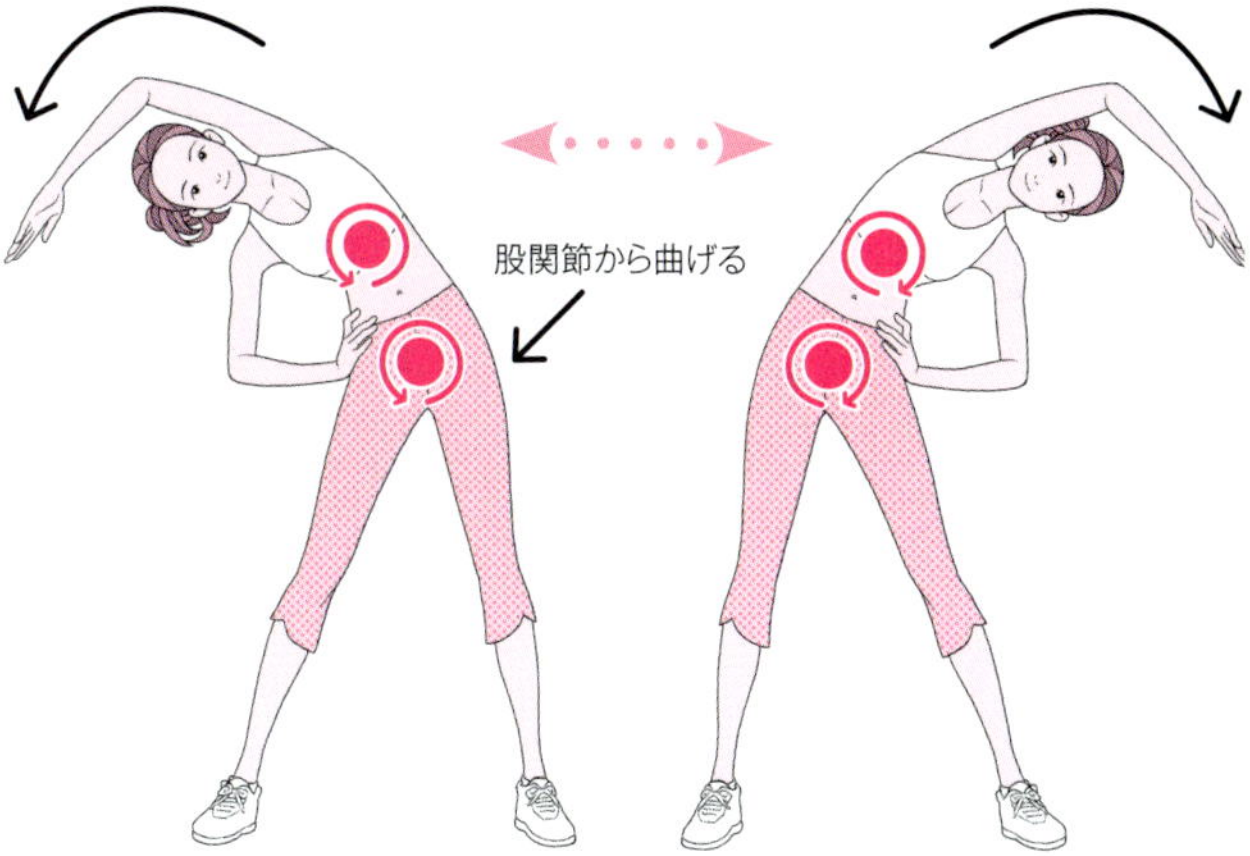

1　脚の付け根の股関節の動きを加え、腕の動きもつけて全身で動作する。

2　同じように反対側にもゆっくり大きく曲げていく。

体幹動作1分体操③

体幹回旋体操

往復5回、1周2～3秒程度

◎体幹回旋
（体幹動作のみ）

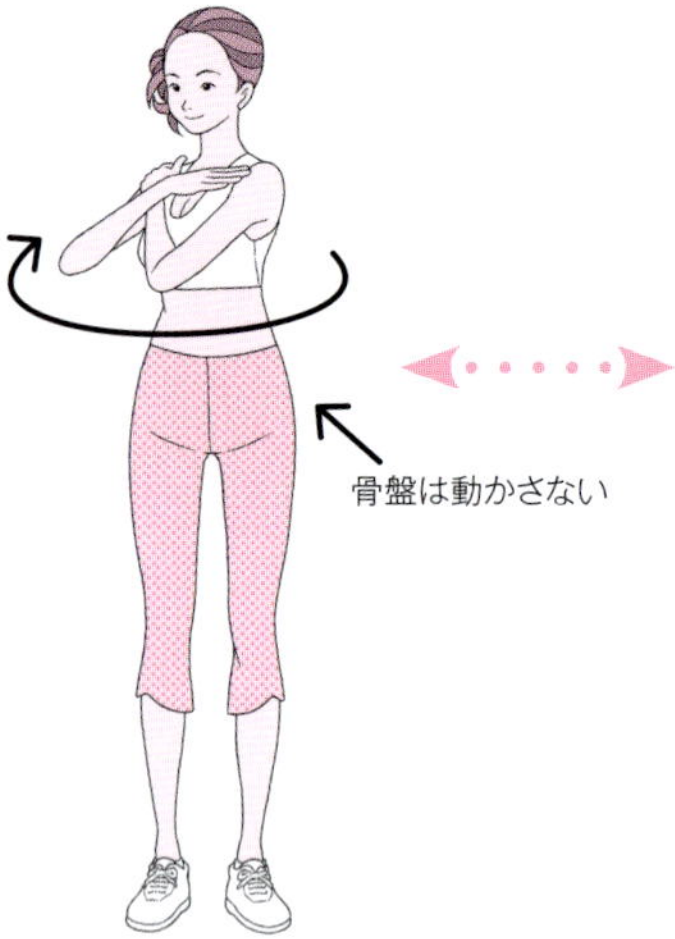

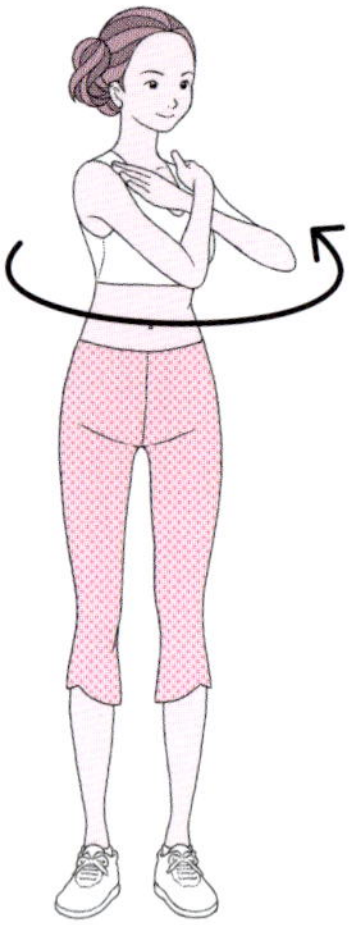

1 骨盤を固定し、ゆっくりした動き（1往復2～3秒が目安）で上体だけをひねる。

2 同様に反対側にもゆっくりひねる。手は胸の前で組む。

◎体幹回旋
（全身の動きをつけて）

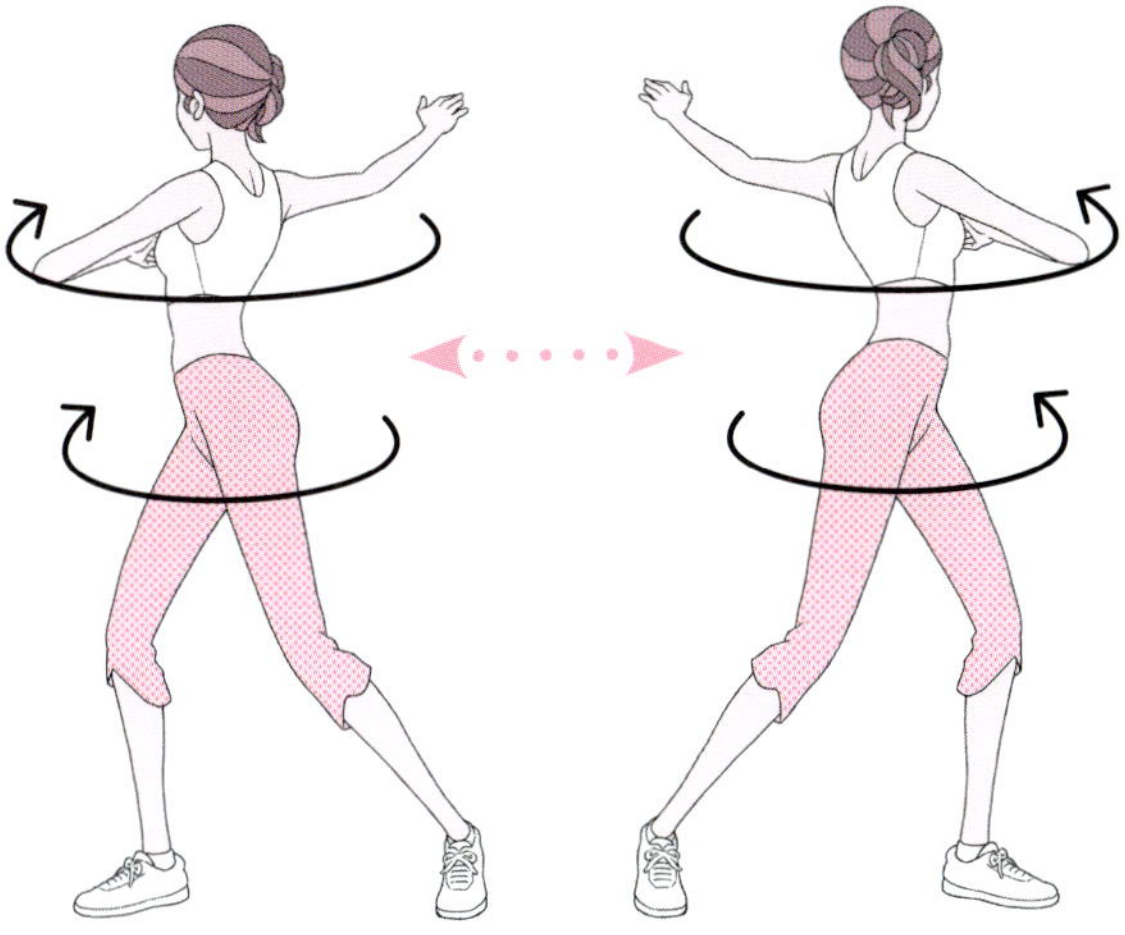

1　股関節の動きも加えて、腰からひねる。腕の振りも使って全身で大きく体を動かす。

2　ダイナミックな動きで逆方向にもゆっくりひねりを加える。

バランスボールを使ったアレンジ

バランスボール骨盤体操

往復5回、1往復4秒程度

◎骨盤前傾・後傾体操

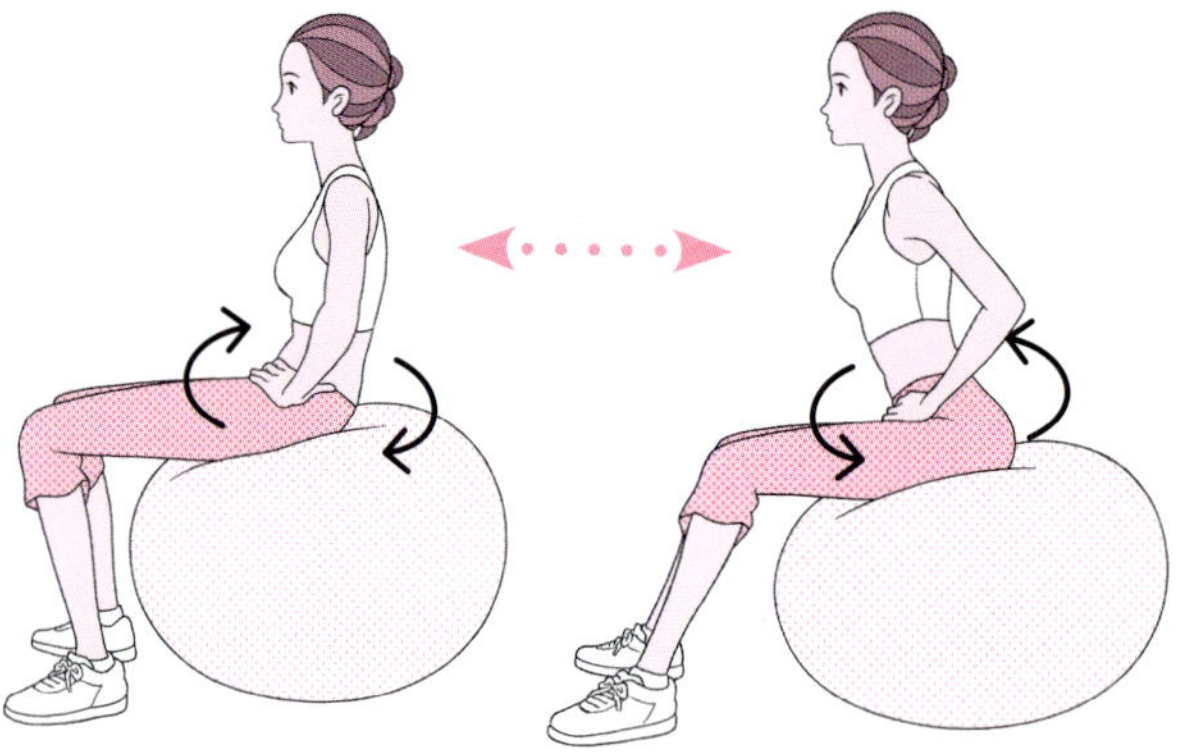

バランスボールに座り、腰に手を置いて骨盤の動きを確認しながらゆっくりとした動きで腰を前後に大きく動かす。このとき肩から上は固定して同じ位置をキープすること。目安は1往復で4秒程度だが、慣れたら少し速めに。

※体幹の動きとしては68〜69ページの体幹屈曲・伸展体操と同じ動きになる。

◎骨盤左傾・右傾体操

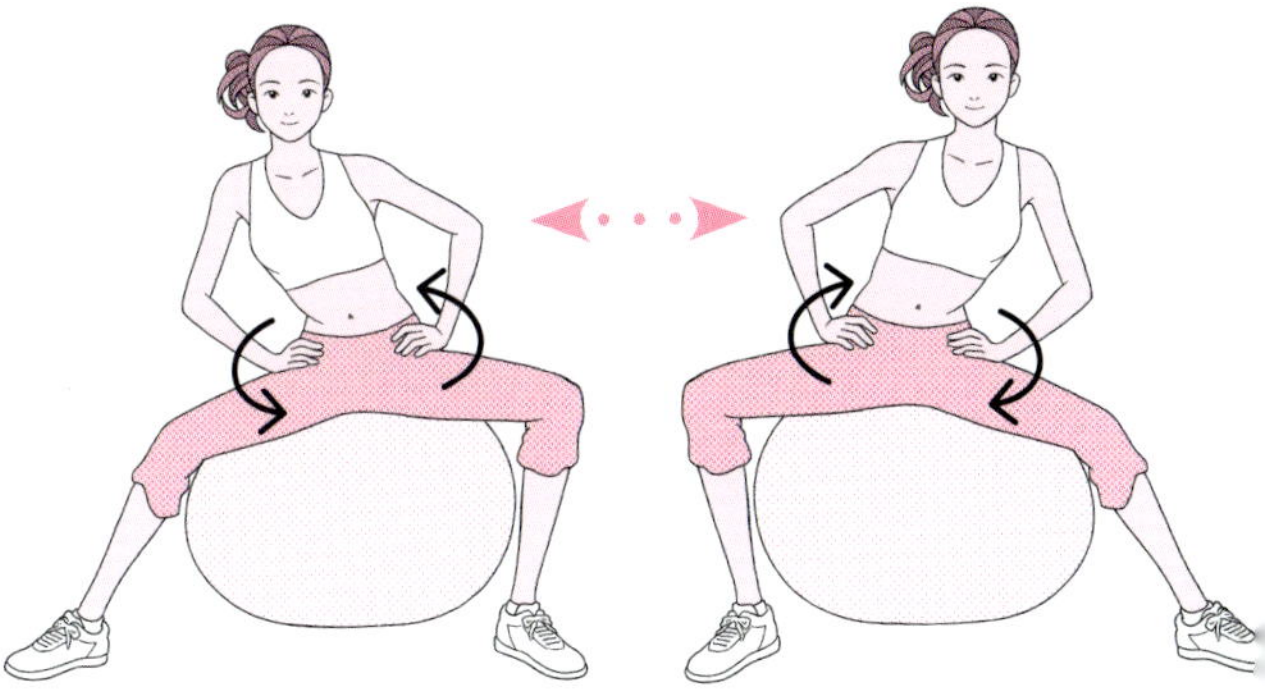

バランスボールに座り、腰に手を置いて骨盤の動きを確認しながらゆっくりとした動きで腰を左右に大きく動かす。このとき肩から上は固定して同じ位置をキープすること。目安は1往復で4秒程度だが、慣れたら少し速めに。
※体幹の動きとしては70~71ページの体幹側屈体操と同じ動きになる。

バランスボールを使ったアレンジ

バランスボール骨盤体操

左右5回転ずつ、1周4秒程度

◎骨盤回し体操

バランスボールに座り、腰に手を置いて骨盤の動きを確認しながらゆっくりとした動きで腰をぐるりと大きく回す。反対方向も行う。このとき肩から上は固定して同じ位置をキープする。目安は1周で4秒程度だが、慣れたら少し速めに。
※体幹の動きとしては68〜73ページの屈曲・伸展、側屈、回旋のすべてを混ぜた動きになる。

バランスボールを使った「骨盤体操」のメリット

肩のラインを固定して骨盤を動かす「骨盤体操」の動きは体幹動作体操のアレンジ法として、とても有効な方法と言えます。

他の体幹動作体操では「下(腰)を固定して、上(上体)を動かす」ことで体幹を動作させましたが、骨盤体操の場合はその逆で、「上(上体：肩から上)を止めて、下(骨盤)を動かす」ことで体幹を動かしていきます。動かす側と固定する側が反対にはなりますが、間で起きている動きとしては同じもので、ただ1つの難点が動きをマスターするのが難しいことでした。

そこで、登場するのがバランスボールです。バランスボールを使うと、骨盤はボールの上を転がるために無意識のうちに大きく動くことになり、上体の固定を意識するだけでよいからです。

すでにバランスボールをお持ちの方、購入予定の方はぜひ試してみてください。

※バランスをくずして、ひっくり返らないように注意！バランスボールは見た目以上に扱いが難しく、転倒の危険もあります。十分に注意して、安全な場所で行ってください。

体幹動作1分体操④

肩甲骨体操

往復5回、1往復2～3秒程度

◎肩上下体操
（肩甲骨挙上･下制）

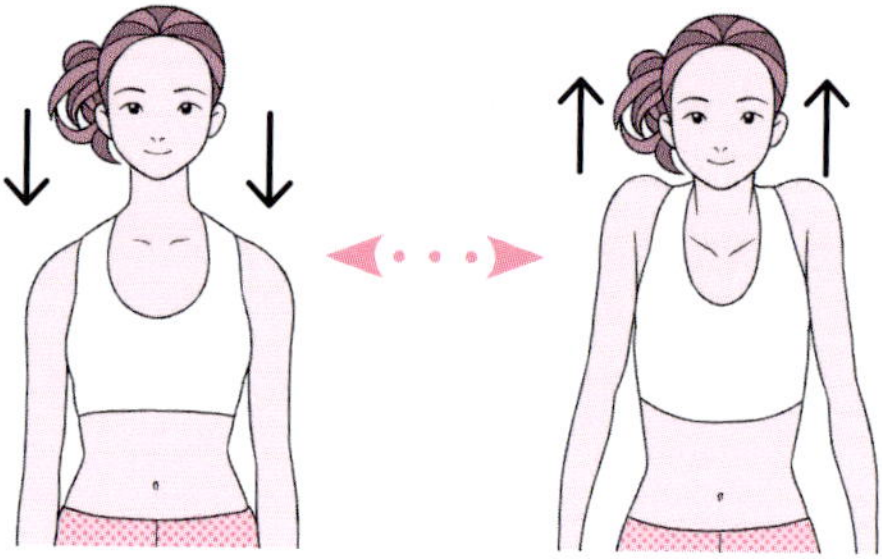

腕は力を抜いてだらんと下げておき、肩だけをゆっくりと大きく上下させる。

後ろから見た場合

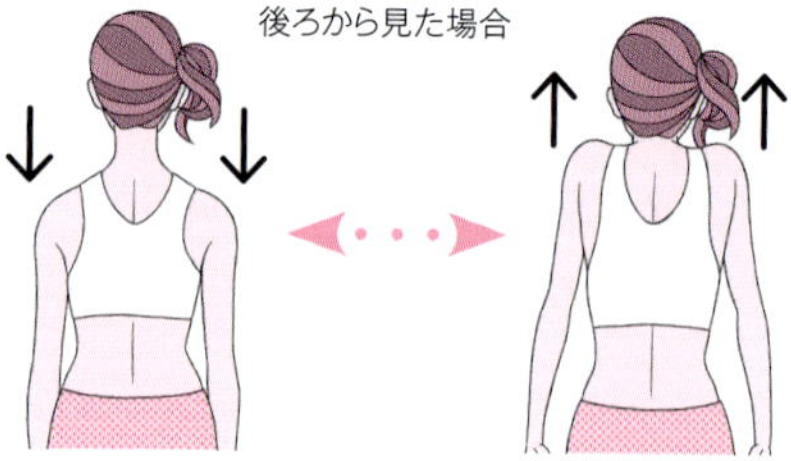

◎肩前後体操
（肩甲骨外転・内転）

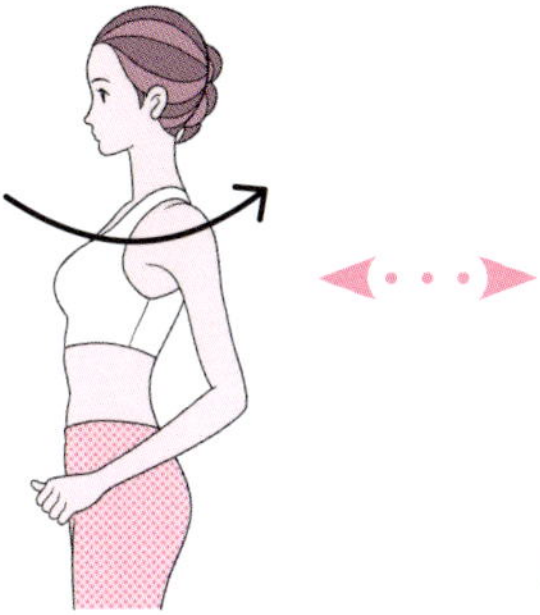

肩をゆっくりと大きく前後させる。前では背中を丸め、後ろでは胸を張るようにする。慣れないうちは腕の動きをつけて行うと、肩を前後に動かしやすい。

腕の動きをつけた場合

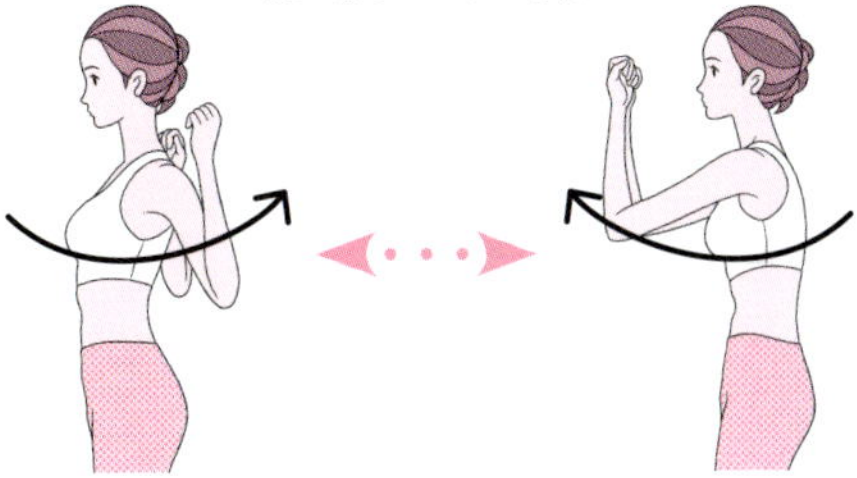

体幹動作1分体操⑤

股関節体操

往復5回、1往復2〜3秒程度

◎股関節前後体操

(股関節屈曲・伸展)

脚を付け根からゆっくりと大きく前後させる。体がグラグラしないように、椅子や壁などに手をついて行うこと。

◎股関節左右体操
（股関節外転・内転）

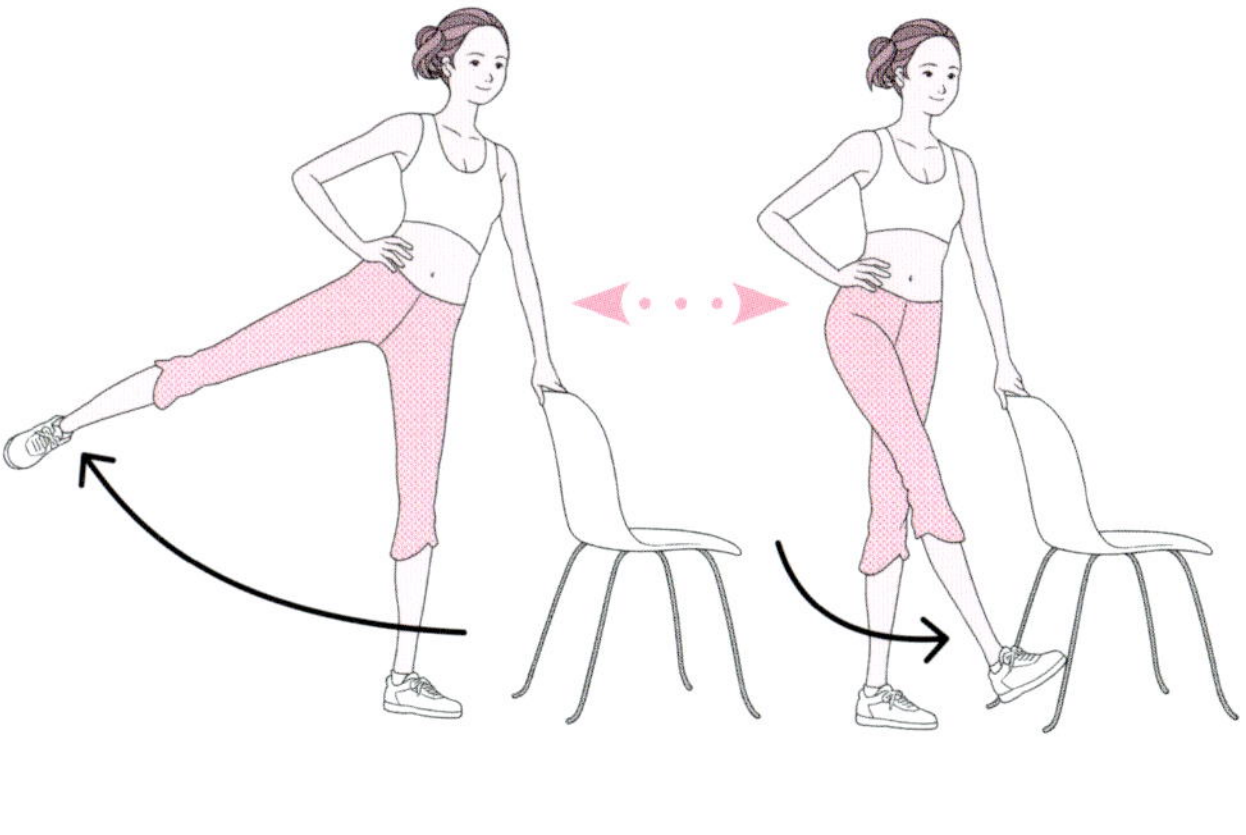

脚を付け根からゆっくりと大きく左右に振る。グラグラしないように、
椅子や壁などに手をついて行う。

COLUMN 03

骨盤のゆがみってどういうこと?

近年「骨盤」と名のつくダイエット法が流行しています。その多くは「骨盤のゆがみ」を治すことで姿勢をよくし、きれいにやせることを目的としているようです。では、「骨盤がゆがむ」とは一体どういうことなのでしょうか?

1つは骨盤の「向き」の問題です。骨盤は背骨のいちばん下の仙骨という骨とほぼ一体となってくっついていますので、骨盤の向きが変わるとその上の背骨全体、つまり体幹の姿勢に影響してきます。

骨盤が前に傾きすぎる（前傾）と腰が反って反り腰の姿勢に、反対に後ろに傾きすぎる（後傾）と背中が丸まって猫背に、横に傾く（右傾斜、左傾斜）と背骨が横に湾曲した姿勢になってしまいます。

もう1つは骨盤の「骨自体」がゆがむという問題です。

骨盤は、背骨の下端の仙骨が仙腸関節で結合し、恥骨結合で左右の骨盤同士が結合しているのですが、カイロプラクティックや整体の世界ではこの結合部分が動いて骨盤が閉じたり開いたりねじれたりといったゆがみが生じるというふうに言われます。

しかし、仙腸関節や恥骨結合の靭帯による結合はかなり強固であり、整形外科的な視点からはほぼ動かない、つまり骨盤の骨自体がゆがむことはほとんどないと考えられています。

どちらが正しいのか、現段階ではこのあたりの答えはまだはっきりとはしていません。

いずれにしても、骨盤のゆがみとは体幹部を構成する骨盤とその上に連なる背骨の動きが悪く、姿勢がくずれることが主な原因と考えられます。「かんたん体幹・コア体操」で、このあたりをよい状態にコンディショニングすることが大切です。

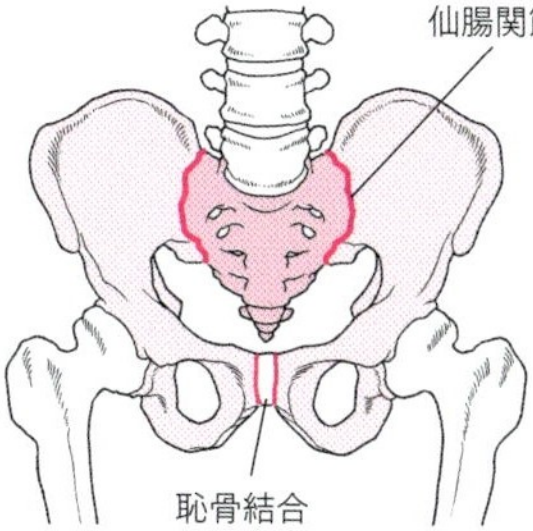

②体幹固定1分体操

手足を動かすための「体の土台づくり」

体を動かすという行為は、日常の生活でもスポーツにおいても、主に手足を動かすことで行います。**この手足の土台であり、足場となるのが体幹です。どんな動作を行うにしても、まずはしっかりとした腕、脚の土台・足場を築くことが重要となります。**

ある研究によると、腕や脚を動かす運動課題を与えると、その動きに先行して腹筋群・背筋群といった体幹を支える筋肉群の活動が起こることがわかっています。腕や脚を動かす動作では、まずはその土台となる体幹をしっかりと固定させ、安定させる(土台を固める)動作が始まっているのです。

人の体は手足だけで動かすことはできません。**快適にスムーズに手足を動かすには、**

体幹がしっかり固定されていることが必要です。その上で初めて手足を自在に動かすことができるようになるわけです。体幹を固定できてその先の手足が動きやすくなれば、体を使うことが快適になり、日常の活動量も増えるでしょう。

体幹をしっかり固定させることの重要性は、近年、スポーツの世界でも注目されてきています。ここで紹介する「体幹固定1分体操」はアスリートの間でもよく行われているトレーニング法をソフトな内容にアレンジしたものです。

まずは体幹を前向きにして、主に腹筋群で支える「フロントブリッジ」と、後ろ向きで主に背筋群で支える「バックブリッジ」の2つの体操を、そして応用種目として、横向きで主に脇腹の腹斜筋群で支える「サイドブリッジ」を紹介します。

いずれの種目もお腹周りの筋肉を意識して体幹をしっかり固めたら、その状態を10～20秒ほどキープします。終わったらストレッチで10秒ほどゆっくり伸ばします。

また、「体幹動作1分体操」でも登場したバランスボールを使った方法も紹介します。バランスボールは見た目以上に難しいので十分に注意して、安全な場所で行ってください。

体幹固定1分体操①

フロントブリッジ

10~20秒姿勢をキープ

◎ノーマル

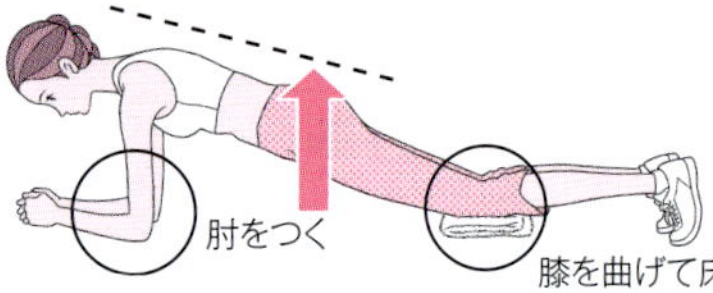

うつぶせの姿勢で肘をついて腰を浮かせ、おへそを締めるようにして体幹を固定する。この状態を10~20秒キープする。

◎バランスボールアレンジ

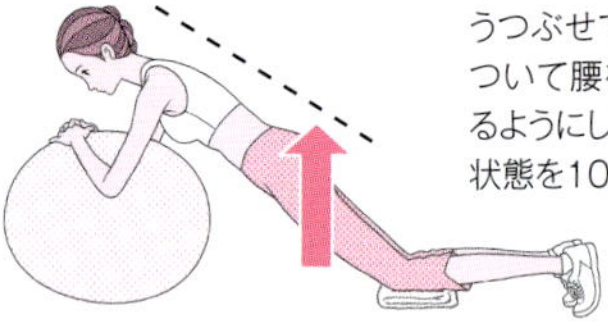

うつぶせでバランスボールに肘をついて腰を浮かせ、おへそを締めるようにして体幹を固定する。この状態を10~20秒キープする。

◎ストレッチ

フロントブリッジが終わったら、お腹の前面をストレッチで伸ばす。うつぶせの状態から腕を伸ばし、10~15秒くらい上体を反らせる。

体幹固定1分体操②

バックブリッジ

10~20秒姿勢をキープ

◎ノーマル

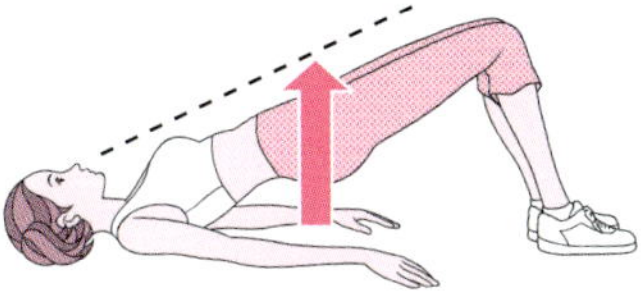

仰向けになった状態から肩をつけたまま腰を上げ、肩から膝までが一直線になるようにして10~20秒キープする。

◎バランスボールアレンジ

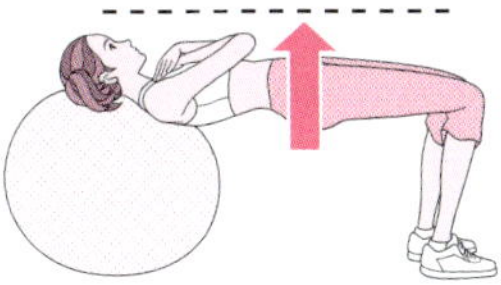

バランスボールの上に肩をのせ、肩から膝までが一直線になるようにして10~20秒キープする。

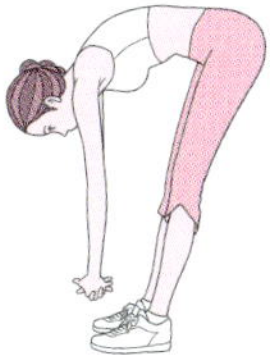

◎ストレッチ

バックブリッジが終わったら、背面をストレッチ。立ったまま背中を丸めるようにして10~15秒くらい前屈する。

体幹固定1分体操③

サイドブリッジ

10~20秒姿勢をキープ

◎ノーマル

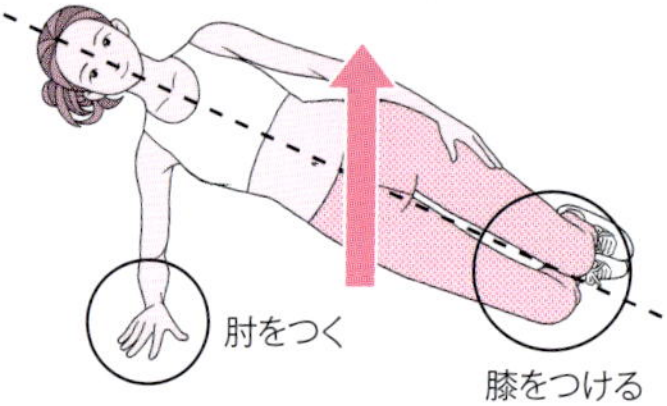

横向きの状態から膝をつけたまま腰を浮かせ、お腹周りの力で体幹を固める。この状態を10~20秒間キープする。

◎バランスボールアレンジ

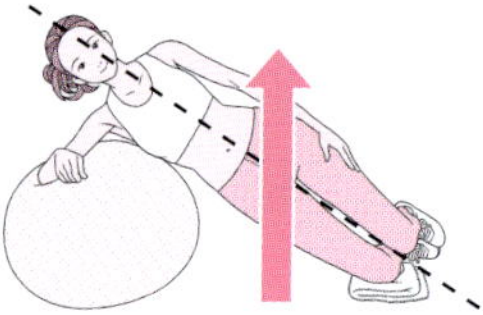

横向きの状態でバランスボールに肘をつき、膝をつけたまま腰を浮かしてお腹周りの力で体幹を固める。腰を浮かせた姿勢を20秒間キープする。

◎ストレッチ

サイドブリッジが終わったら、体幹の側面をストレッチする。片腕を上げて側面を伸ばし、もう片方の手は腰に置いておく。左右それぞれ10~15秒ずつ。

よい姿勢は美しいボディラインのための第一歩

背すじの伸びたきれいな姿勢は、前後に湾曲した背骨のS字カーブを「腹筋群・背筋群」によって前後からしっかりと支えることで保たれています。この適正な姿勢をつくるには、次の2つが大きな鍵となります。

第一に、適正なS字カーブをつくるには、体幹自体がしっかりと動くようになっていなければなりません。そうでないと、背骨のラインを整えることができないからです。体幹の動きは「体幹動作1分体操」で改善できます。

そして次に、整えた背骨のラインを前後から支える筋力が必要だということです。「体幹固定1分体操」で、体幹をしっかりと支える筋力と感覚を身につけましょう。

姿勢の維持には、お腹周りの筋肉の働きが欠かせません。できれば「体幹固定1分体操」に加えて、立っているときも、座っているときも、常に「お腹周りを意識」してシャキッと体幹を支えるように心がけましょう。1日中ずっとというのは大変でしょうから、思い出したときに意識するくらいで大丈夫。最初は大変かもしれませんが、慣れてくれば自然とできるようになってきます。

よい姿勢を保つことは、くびれのあるメリハリのきいたボディラインをつくるだけでなく、ダイエット効果にもつながります。第2章でも説明しましたが、モチベーションを上げるために、もう一度おさらいしましょう。

よい姿勢で体幹をしっかり支えることができるようになると、体が快適に動くようになり、普段から活動的に動けるようになります。そのほかにも、

1・姿勢改善による肩こり・腰痛の改善
2・お腹周りの筋肉で姿勢を支えることによるお腹やせ効果
3・活動量が増えることによるエネルギー消費量の増大

などのさまざまなメリットがあります。

また、背すじの伸びたきれいな姿勢は、それだけで見た目のスタイルを改善させてくれます。見た感じの印象もずいぶんと変わります。

③お腹凹ませ1分体操　ドローイン

お腹の奥で体幹を支える腹横筋の働きを知る

体幹を支える主な筋肉は、体幹の前後にある腹筋群と背筋群ですが、実はもう1つ、重要な働きをしている筋肉があります。「腹横筋」です。

腹横筋は腹腔《ふくこう》をぐるりと一周取り囲むように位置する、お腹の深部にあるインナーマッスル（94ページ図）です。息を吐く動作に使われる呼吸筋としての働きのほか、お腹を引き締め腹圧を上げることで体幹を固定する働きもあります。お腹を守り支える〝コルセット〟の働きをするというとわかりやすいでしょう。

つまり、よい姿勢というのは、背骨を直接「前から」「後ろから」支える腹筋群・背筋群だけでなく、腹圧を高めることによって「中から」も支えることで保たれているのです。腹横筋は、姿勢を維持するための秘密兵器と言ってよいかもしれません。

キューッとお腹を引っ込める体操 ドローイン

体の深部にある腹横筋を、意識して使えるようにする体操が、「ドローイン」です。ドローイン(draw-in：引き込むの意)は、もともと腰痛など腰周りに問題を持つ患者に対して理学療法の現場で行われてきた運動療法の1つです。腹横筋を使えるようにすることで適正な姿勢を維持する能力を高め、腰痛などの症状緩和に役立てていました。

なんだか難しそうに聞こえるかもしれませんが、**運動そのものはとてもかんたんです。お腹をキューッと引っ込める動作をすればいいだけなのです。**少しきつめのスカー

腹横筋

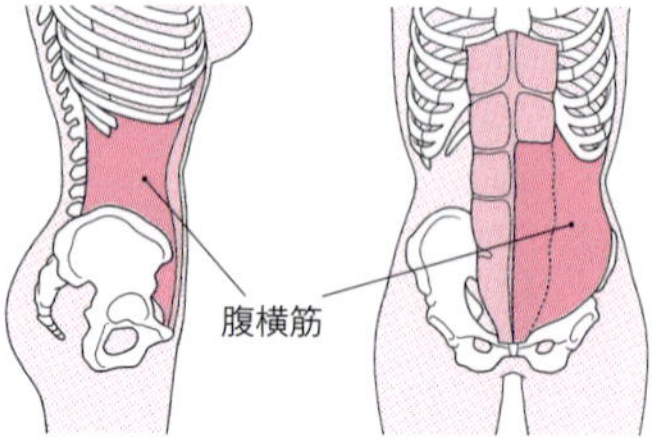

腹壁の断面図

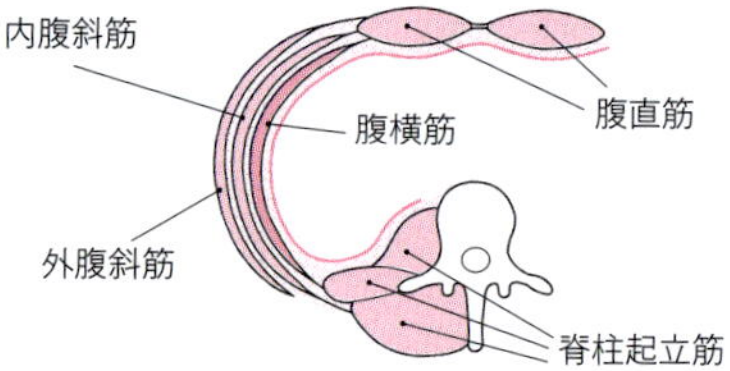

腹横筋による体幹の固定作用（静水圧骨格）

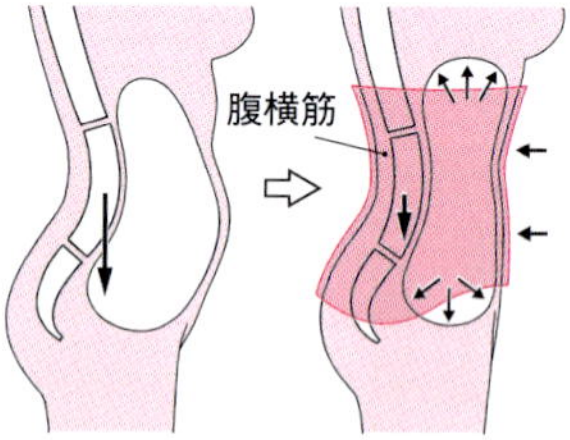

腹横筋は、いわば自然のコルセット。お腹の内部をぐるりと取り囲んだ、この腹横筋を引き締めることで、腹圧が高まり、体幹が固定される。

トをはくときや、でっぱったお腹をごまかそうと、あわてて引っ込めるのと同じ動きです。

お腹凹ませ1分体操では、その動作を少し長めに行い、キューッと10秒から20秒間、凹ませた状態をキープします。立って行うよりも、仰向けに寝て行うほうがお腹の力を抜いて腹横筋の動きに集中できるのでかんたんです。

まずは導入編として、「寝転んで行う方法」から始めてみましょう。その後、できるようになったら立ってお腹を凹ませる方法やベルトを使った方法（お腹の凹み具合が確認できる）などにも挑戦しましょう。

これを1～2セット行います。20秒を2セット行ったとして、かかる時間は1分程度です。

お腹凹ませ1分体操①

ドローイン

10~20秒姿勢をキープ

◎床ドローイン(導入レベル)

大きめの枕を用意して寝転び、膝を立てる。手を軽くお腹に当てながら凹められるところまで凹めたら10~20秒キープ。

◎ノーマル・ドローイン(基本レベル)

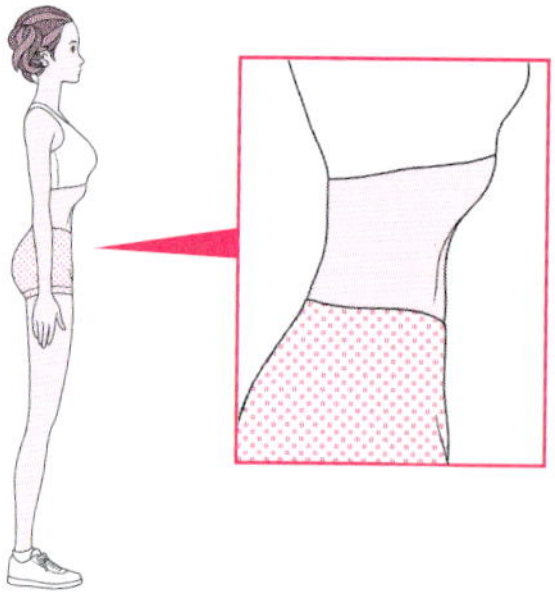

床ドローインで腹横筋の使い方を体感できたら、立って行う方法へと進もう。
リラックスして立ち、お腹をできるだけ凹めたら10~20秒キープする。このとき、呼吸を止めないように注意する。

お腹凹ませ１分体操②

ドローイン

10〜20秒姿勢をキープ

◎ベルト・ドローイン

1

おへその位置に合わせてベルトを巻く。

2

できるだけ、お腹を凹ませてベルトを締めていく。

3

お腹を凹ませた状態を10〜20秒キープする。

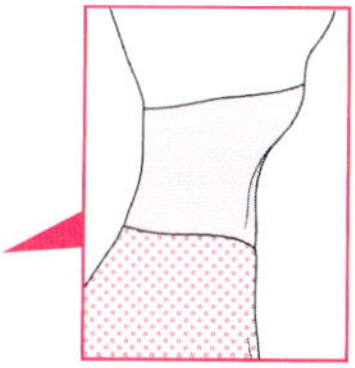

ベルトを使ったドローインの方法。お腹を凹ませた状態をキープし、ベルトのきつさを感じないようにしなくてはならない。

すぐにサイズダウン！ドローインのウエストマジック

お腹凹ませ1分体操で行うドローインには、即効性と持続性の2つの「お腹凹ませ効果」があります。

●ドローインの効果1　「お腹凹ませの即効性」について

腹横筋は、お腹を絞り込む「自前のコルセット」のようなものです。ということは、腹横筋がしっかり使えるようになれば、コルセットの作用でウエストはすぐに細くなります。お腹凹ませ1分体操を行えば、その場で何㎝かウエストが細くなることも珍しくありません。まさにウエストマジックです。

ただし、これは「お腹の脂肪が落ちる」という本質的なお腹やせとは違います。お腹を腹横筋で絞りこんだ分、臓器や脂肪が上に移動しただけのこと。お腹の皮下脂肪や内臓脂肪が減ってやせたわけではありません。

とはいえ、その場ですぐにウエストラインが締まるため、大きなモチベーションとなるでしょう。

●ドローインの効果２　「お腹凹ませの持続性」について

腹横筋が使えるようになると、姿勢維持のために腹筋群、背筋群、腹横筋を使って、普段から体幹を支えることができるようになります。

お腹周りの筋肉で体幹をしっかり支えられるようになると、手足の動きがよくなり、日常の活動はおのずと活発になります。また、体幹を支える仕事をする分だけ、多くのエネルギーを使うことになります。

お腹周りの筋肉を普段から使うようになるので、お腹の脂肪が取れやすくなるでしょう。よく動く部分のほうが脂肪が燃焼しやすいと考えられるからです。

これらの持続性の効果については、体幹動作1分体操、体幹固定1分体操のところでも説明しています。

お腹凹ませ1分体操③

ドローイン

10～20秒姿勢をキープ

◎日常ドローイン

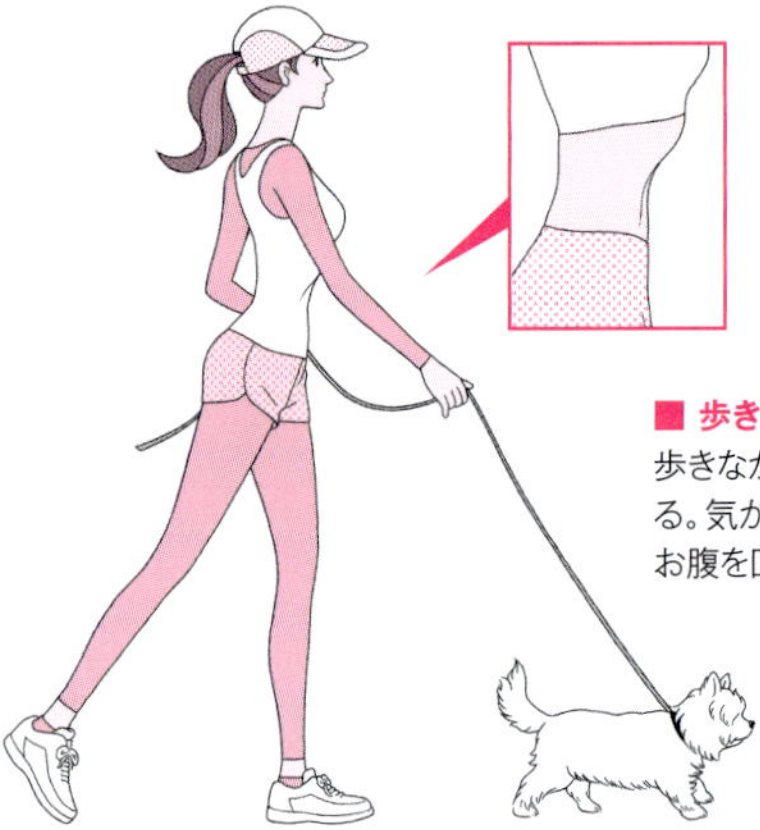

■ 歩きながら

歩きながらでもドローインはできる。気がついたときにキューッとお腹を凹ませてみよう。

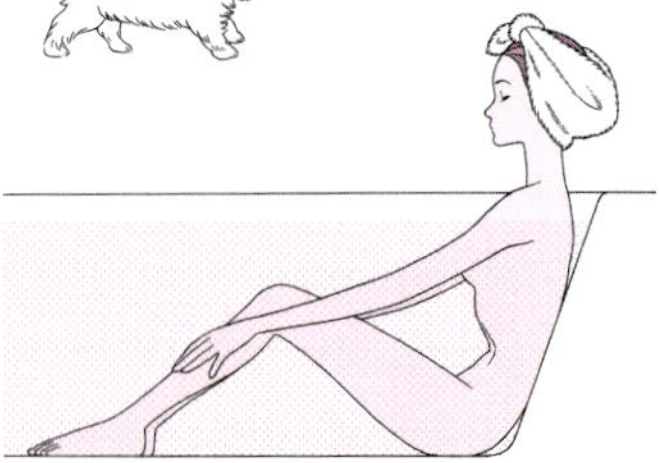

■ 入浴中

入浴中は水圧の効果でお腹を凹ませやすい。一日の締めにリラックスしながら集中してドローインできる。

■ **電車の中**
電車の中は外出時の格好のトレーニングジム。駅に着くたびに凹ませるなど、自分なりに決めてやってみよう。時間はいずれも10～20秒が目安。

■ **デスクワーク中**
姿勢が緩みがちなデスクワーク中にもドローインは効果的。気がついたら姿勢をリセットして気分もリフレッシュ。

ドローインでいつでもどこでも姿勢をリセット

「お腹凹ませ1分体操」で行うドローインは、いつでもどこでも手軽に行うことができます。服を着ていればドローインの動きはそれほど目立ちませんので、人目を気にする必要もありません。ドローインは腹横筋の「動きを覚える」体操ですから、回数を決めず、ちょっとした時間を利用して頻繁に行ってもよいでしょう。通勤途中の信号待ちで、電車の中で、デスクワークの最中、歯磨きの途中やネイルが乾くまでのすきま時間など、日常のあらゆるシーンで取り入れることが可能です。

また、お腹凹ませ1分体操のドローインには、「姿勢を矯正する」「正しい姿勢を確認する」という要素もあります。ドローインでお腹を凹ませるときは、「胸を張って背筋を伸ばし、お尻を締めるようにして姿勢を正すこと」を意識しましょう。

ドローインを行うたびに、背すじが伸びてシャキッとした姿勢にリセットできます。

④かんたん体幹１分ストレッチ

一日中体幹を支えてくれた筋肉の疲れをほぐしましょう

「かんたん体幹・コア体操」に加えて、できるかぎり取り入れていただきたい「３つの体幹ストレッチ」をご紹介します。

筋肉は、じっくり伸ばすことで力が抜けてほぐれていく性質があります。そこで、一日の終わりにはストレッチをする。体幹の筋肉群をじっくり伸ばせば、疲れを取ることができます。メンテナンスになるだけでなく、筋肉自体を伸びやすく柔軟にする効果があります。また、背骨の関節内（構造部分）の動きを大きく広げる効果もあります。

タイミングとしてはお風呂上がりの筋肉が柔らかくほぐれているときがおすすめです。

かんたん体幹1分ストレッチ

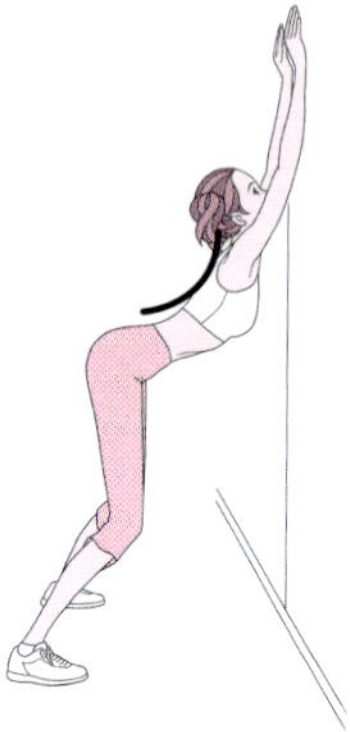

◎体幹伸展ストレッチ

壁に手をついて体重をかけ、背中を反らせていく。リラックス状態を意識しながらこの状態で15秒程度キープ。お尻を突き出すようにすると、腰から背中をしっかり反らすことができる。

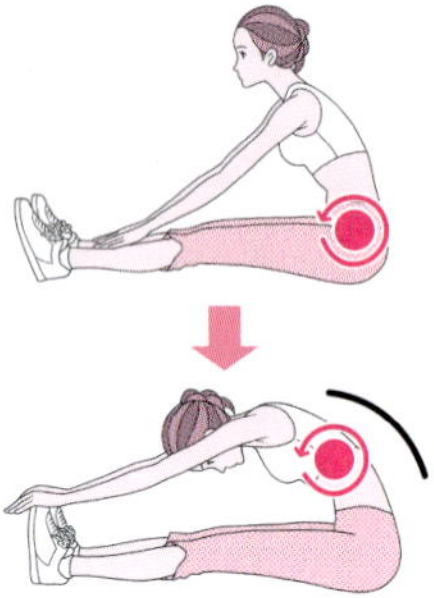

◎体幹屈曲ストレッチ

背すじを伸ばした状態で、まずはできるところまで前屈。しっかりと股関節を屈曲させる。続いて、そこから背中をできるだけ曲げて（体幹屈曲）前屈し、手を前に出していく。リラックスして、この状態で15秒程度キープする。

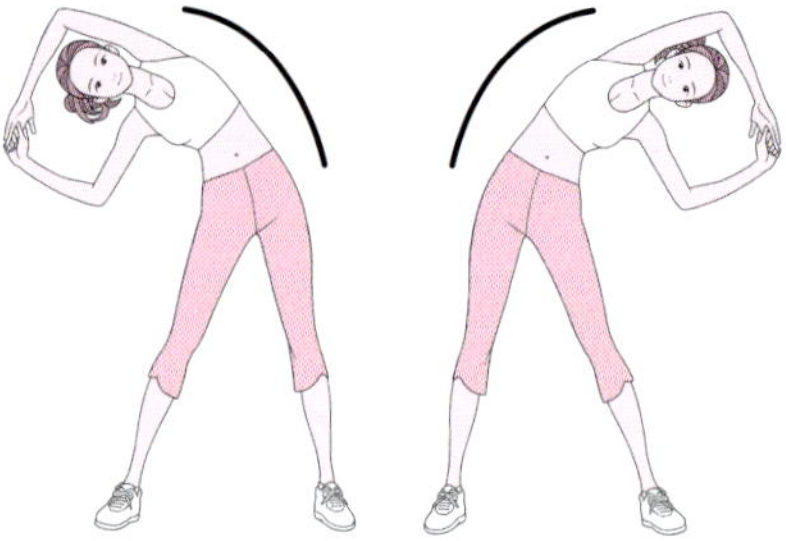

◎体幹側屈ストレッチ

両手を頭の上で組み、体を横に倒していく。腰から横に倒すだけでなく、体幹を横に曲げる（体幹側屈）ことを意識する。リラックスして、この状態で15秒程度キープ。

メインとなるのは体幹のストレッチですが、脚の付け根の股関節から大きく動かし、股関節周辺の筋肉も同時に伸ばしていきます。

ゆっくりと痛みを感じない程度の強さで15秒程度伸ばしてください。３種目（側面は左右行うので４種目）を行っても、全部で1分ちょっとくらいです。

なお、ストレッチには、筋肉の緊張を解くことによる「リラックス効果」もあります。ですから、気持ちが落ち着き、安眠を導くといった効果が期待できるでしょう。また、リラックス効果で副交感神経を活性化することは、血圧を下げたり、血管を収縮させる血管内皮細胞に働きかけて動脈を柔軟にするなど、動脈血管系に好影響を与える可能性もあります。筋肉が柔軟な人ほど動脈も柔軟であるという研究報告がありますが、ストレッチの動脈血管系に与えるこのような作用が関係しているのかもしれません。

ヨガや真向法《まっこうほう》などは、ストレッチの要素に呼吸法を組み合わせたもので、リラックス効果が特に高い方法と言えそうです。ここで紹介するストレッチも一度大きく深呼吸してから行うと、より高いリラックス効果が得られるでしょう。

COLUMN 04

お腹やせには腹筋運動？

お腹やせの運動といえば、これまでは腹筋運動が定番とされていました。もちろんこれも1つの方法に違いないのですが、腹筋運動だけでお腹やせを実現するのは実際のところかなり難しいのです。

その理由の1つが、運動が大変なために続けにくいということ。そしてもう1つが、腹筋運動が直接お腹の脂肪を燃やしてくれるわけではないということです。

腹筋運動がお腹やせにつながるのは、お腹周りの筋肉をよく使うことで、お腹周りの脂肪を他の場所の脂肪よりも使われやすい状態にすることにあるでしょう。よく動かす部分の脂肪は使われやすくなることはこれまで述べてきた通りです。

つまり、腹筋運動でお腹やせを目指すなら、全身的にやせること（エネルギー消費の多い長時間の有酸素運動や食事制限、基礎代謝の上がる筋力トレーニングなど)と併せて行わなければなりません。全身の脂肪を減らす中で、よりお腹周りの脂肪を優先して減らそうという戦略です。この考えは本書で提案していることと基本的には同じです。

全身的にやせる努力をしながら腹筋運動もしっかり行う。これならお腹やせも達成できるのですが、それができないためにみんな苦労しているのです。そこで、もっと現実的な方法として、本書では無理なく習慣にできる「かんたん体幹・コア体操」を紹介しているのです。

今日からの朝習慣は体幹1分体操

ここに紹介した「体幹動作1分体操」「体幹固定1分体操」「お腹凹ませ1分体操」の3つの体幹・コアコンディショニングの体操は、できれば毎日、それも一日が始まる「朝」に行うことをおすすめします。というのは、「かんたん体幹・コア体操」は、体を快適に動ける状態にするのが目的だからです。

朝から快適に体が動くようになると、仕事においても日常生活でも、一日の充実度はかなり違います。〝早起きは三文の得〟ならぬ、〝朝のかんたん体幹・コア1分体操こそが三文の得〟というわけです。

そうはいっても朝は時間がなくて……という方もいるでしょう。しかし、この体操のよいところは、1つの体操にかかる時間が短いことです。それぞれが1～2分程度のもので、3つ全部合わせても5分あれば十分です。それほど大変なことではないと思います。

ただ、「体幹固定1分体操」は短時間でできますが、多少の頑張りが必要な体操もあります。起きたばかりの体を急に動かすことに抵抗を感じる人もいるでしょう。無理をして続かないほうが問題ですから、「できる範囲で」行うようにしてください。

ただし、いちばんかんたんな「体幹動作1分体操」だけは、ぜひ毎朝行っていただきたいと思います。ゆっくりと体を動かすことで体幹・コアがほぐれて、体がよく動くようになります。もちろん、無理せず、ゆっくりと、ていねいな動作で行うようにしてください（もともと「体幹動作1分体操」はゆっくりていねいに行うものですが）。目覚めもきっとよくなるでしょう。

これは私の経験ですが、「いつでもやっていい」となると、かえってやらなくなってしまいがちです。例えば、「通勤電車の中では、外から行っているのがわからない日常ドローインを行う」とか、「お風呂前に体幹固定1分体操を行う」といった具合に、いつどのメニューを行うか決めておいたほうが習慣にしやすくてよいと思います。可能なら、お風呂上がりのストレッチも取り入れてください。

実行のしやすさ、習慣化のしやすさは人それぞれ。時間を決めてやるのが苦手な人は、気が向いたときにやってもいいのです。自分に合った方法を見つけてください。

第4章

日常生活でも
これだけ
体は動かせる

運動でなくてもできる、普段からの活動的動作

これまで「背すじの伸びた美しい姿勢」のため、あるいは「メリハリのきいた美しいボディラインづくり」のために、体の中心にある体幹をきちんと動かすこと、正しい姿勢を維持することの重要性を説明してきました。わずか1分の「かんたん体幹・コア体操」の効果に驚いている方もいらっしゃるかもしれません。

しかし、快適に動ける状態になった、お腹周りの脂肪が取れやすくなった、というところで「終わり」にしてはいけません。その一歩先にある、快適に動ける体でしっかりと動き、「落ちやすくなったお腹の脂肪を消費する」というところまでいかない限り、美しいくびれは期待できないのです。

では、どうすれば脂肪を消費できるのでしょうか？　何か運動を始めればいいのでしょうか？

もちろん、運動を始めるのは大変よいことです。ただし、それが継続できるならです。続かないことを目標に掲げても意味がありません。

本書の目的は「無理なく続けられる」一生ものの習慣を身につけることです。一生ものの凹んだお腹、メリハリボディ、くびれたウエストは、「一生続ける」ことでしか得ることができません。

「運動を始めなくちゃ」と気負う前に、普段の生活を見直しましょう。エスカレーターよりも階段を選ぶ、だらだら歩きからテキパキ歩きを目指す、タクシーや車を極力使わない、といった日常の心がけ次第で運動量はずいぶん違ってきます。

もちろん、スポーツ施設などを利用するのもよいと思います。しかし、スポーツジムに通っているからといって、普段まったく体を動かさないのもよくありません。笑い話のようですが、週に1度か2度、車で友だちとジムに来て、エレベーターでエクササイズのフロアに向かい、ちょっと体を動かしたらすぐにシャワーにマッサージ。帰りに立ち寄るレストランでのおしゃべりのほうが長いという人もいます。

わずかばかりの運動のプラス効果を手に入れても、それ以上に普段の生活で体を動

かさないようではその効果も相殺されてしまいます。これでは何のためのジム通いかわからなくなってしまいます。

そもそも、普段の生活であまり体を動かさずにだらだらと過ごしていては、仕事もプライベートも充実しないでしょう。余計な脂肪ばかりをため込むことにもなりかねません。体幹から手足を振って日常からキビキビ動く習慣をつければ、体も心もシャキッと充実したものになっていくはずです。

意識的に歩けば一生もののスリムボディに近づく

年齢、性別、体格の違いにかかわらず、日常生活の中で最もエネルギー消費に影響する行動は「歩くこと」です。1日の身体活動量は〝歩数〟に反映されると考えてよいでしょう。

１日の歩数は、歩数計をつけることでかんたんに把握することができます。そこで**皆さんにはぜひ歩数計をつけて「自分の日常の活動量」を把握していただきたいと思います。「活動的に動くことができているか」を歩数計で自己評価するのです。**

歩数計をつけて1日を過ごしていると、数字を見るたびに「まだこれだけしか歩いていない」という現状がわかるので、「歩数を増やそう」という気持ちがわいてくるものです。ある報告では、特別な指示を与えなくても「歩数計をつけただけ」で、歩数が１０００歩ほど増えたそうです。

実際、私の知っているご夫婦から、こんな話をうかがいました。今までなら、「お前、○○がないから買ってこいよ」と奥さんに指示していたご主人が、歩数計をつけてからは「おれが行くよ」と喜んでコンビニまで歩いていくようになったそうです。なかなか形として目に見えにくい活動量が、歩数という目に見える数値になったことでモチベーションアップにつながったのです。

エレベーターやエスカレーターを使わずに階段を使ってみたり、仕事の休憩時間にちょっと散歩する、といった心がけだけでも、歩数はずいぶん増えるものです。

歩数計は高価なものではありません。最近では腰につけるだけでなく、ポケットやバッグに入れるもの、遠い目的地(目標)が設定されたゲーム感覚で楽しめるもの、また、携帯電話にも歩数計機能がついたものが多くあります。これなら忘れることもありません。

「かんたん体幹・コア体操」で、「快適に動ける体、お腹の脂肪が取れやすい状態」をつくる。さらに、「歩数計をつけて歩く」習慣を身につける(＝普段から活動的に過ごす)。この2つを続けることができれば、一生ものスリムなボディが手に入るはずです。

「1日1万歩」という生活習慣病予防の根拠

目安としては「1日1万歩」を目標に歩いていただきたいと思います。しかし、何日か測ってみて、3000～4000歩程度だったという人は、〝現状＋2000歩〟くらいから始めて徐々に増やしていくとよいでしょう。決して無理はせず、とはいえ着実に進めていきましょう。

厚生労働省の「国民健康・栄養調査」(平成23年)によると、現代の日本人女性の平均歩数は6000歩程度だそうです。つまり、1万歩を目指すには、それよりも4000歩ほど余計に歩かなくてはなりません。4000歩の運動量は、だいたい40分程度の散歩に相当します。エネルギー消費量に換算すると体重50kgの人でおよそ70～80キロカロリーくらい。「なんだ。たいしたことないじゃない」と思われるかもしれませんが、これが毎日続くとかなり違ってきます。計算上は、「1年で3kg程度の脂肪が落ちることになります。実際には体重は「一定に保とう」という恒常性が働くと考えられるので、計算どおりにはならないと思いますが、「1日1万歩」を習慣にすることで「体が変わってくる」ことは間違いありません。

「1日1万歩」という数字は、このくらい歩いていれば健康に過ごせるという目安と

して言われ続けてきましたが、実は生活習慣病予防といった健康維持・増進の意味で学術的な根拠があります。

あまり知られていないのですが、厚生労働省は国民が病気にならずに健康に過ごせるための「運動基準」というものを定めています。現在の基準は2006年に改訂版として定められたもので、「健康づくりのための運動基準2006(エクササイズガイド2006)」と言います(以下「運動基準」と表記)。

この運動基準は世界中の疫学研究をもとに定められたもので、「週23エクササイズの活発な身体活動」によって生活習慣病のリスクを低減できることを示しています。**その「週23エクササイズ」を1日の歩数に換算すると、ちょうど8000〜1万歩くらいに相当するのです。**

この運動基準は国立健康・栄養研究所の田畑泉健康増進プログラムリーダー、宮地元彦運動ガイドラインプロジェクトリーダーらの研究グループによって、現在発表されている世界中の生活習慣病と運動に関する疫学調査を報告した学術論文(8134本)より策定されたものです。疫学とは、実際に起こった病気の発症や死亡などの状況を調査した研究のことです。

特別な運動も大事だが日常の身体活動も運動のうち

厚生労働省の運動基準は「心筋梗塞、脳卒中、糖尿病などの生活習慣病のリスクを下げる」ことを目的としています。運動によって生活習慣病のリスクは確実に下がります。運動は「やせて内臓脂肪が減る」、「血液・血管の状態が改善する」、「筋肉の代謝機能(さまざまなエネルギー反応の進み方)が上がる」、「持久的な体力が向上する」ことに関係していると考えられます。

そこで、「どれだけ運動していれば、生活習慣病のリスクを抑えられるか」という視点から、２００６年に日本人の運動所要量が運動基準で定められました。先ほど紹介した、「週23エクササイズの身体活動をしましょう。そのうち4エクササイズは活発な運動をしましょう」というものです。

ここでいうエクササイズとは、「運動量の単位」のことで、安静に1時間過ごすときのエネルギー消費量の何倍に相当するかを意味します。そんな単位で説明されてもなんだかよくわからないと思います。そこで一般的な運動に置き換えて言うと「毎日8000～1万歩くらいの日常の〝身体活動〟＋週に30分～1時間くらいのジョギングなどの意図的な〝運動〟を行いましょう」ということになります。

この基準値は、ほとんど動かない人と比べて、生活習慣病の発症リスクが有意に下がる身体活動量は「23エクササイズ：1日の歩数なら8000～1万歩に相当」、運動習慣のまったくない人と比べて発症リスクが有意に下がる運動量は「4エクササイズ：週に30分～1時間の運動に相当」という疫学調査に基づいて定められています。

この基準値はリスクが下がり始める最低のラインを示しています。運動量がさらに増えればリスクはもっと下がるのですが、まずは「最低ラインをクリアすることを目標としましょう」というのがこの指針です。

注目していただきたいのは、「意図的な運動」以上に日常生活から「活発な身体活動を行うこと」を呼びかけていることです。

例えば、ＡＣＳＭ（アメリカスポーツ医学会）では、健康増進のために、「週に３〜５回の20〜60分の有酸素運動」、「週２〜３回の８〜10種目の筋力トレーニング」を推奨しています。しかし、これはまるで学生時代の部活動並みのハードさです。国民の健康増進を目的とした場合、あまりにも現実とかけ離れています。

平成23年の「国民健康・栄養調査」によると、定期的な運動習慣を持つ人の割合は20歳以上の男性では35・０％、女性では29・２％。この数字を考えると、ＡＣＳＭの推奨する運動は国民の３割程度にしか呼びかけができないことになります（その中での達成率はさらに下がるでしょう）。

そこで、運動基準２００６では、意識的な運動だけでなく、「日常生活における身体活動を活発にすることにも、予防効果があるのではないか」との視点から、身体活動量と生活習慣病リスクとの関係性が調べられました。その結果、習慣的な運動とともに、「日々の身体活動量」も有効であるとわかったのです。

週に何回も特別な運動をするのは大変ですが、1日に8000～1万歩くらいを歩く、また、週に1回、1時間程度の運動をすることで生活習慣病のリスクを下げられるのならば、運動が苦手な人でも「1つ自分の健康のためにやってみようか」という気持ちになるのではないでしょうか。

忙しくても大丈夫！起きている間はすべてが運動

多くの人が、健康・美容のために運動をしたい、するべきだと思っています。しかし、実際に習慣として運動を行っている人は「3人に1人」しかいません。

その理由の1つは、運動不足がたたって「体の動きが悪くなっている」こと。そしてもう1つの理由が、「忙しい」ということです。

内閣府の調査によると、運動を習慣化できない理由としていちばん多かった回答は「忙しくて時間が取れない」だそうです。普段の生活において、わざわざ運動のためだけに時間を取ることができないというのです。確かに忙しいと「運動をしよう」という気持ちのゆとりさえ持つことが難しくなるのかもしれません。

そこで、運動の時間をわざわざつくるのではなく、「日常生活における活動量を増やすこと」をおすすめしたいのです。

私たち人間も「動物」の一種ですから、起きている間は立ったり歩いたりと、基本的には常に動いています。ということは、毎日の通勤や通学、自転車に乗っての買い物、掃除といった生活活動も含め、起きている時間はすべて運動だと考えることができるのではないでしょうか。

運動習慣の有無に関係なく、日常の生活活動でよく動く人は、あまり動かずに過ごしている人よりやせている、という研究報告もあります。テキパキとよく動くことで、運動をしているのと同じようにエネルギーを消費する、そしてやせられるというわけです。

わずか1分の「かんたん体幹・コア体操」を行えば、体の中心となる体幹から快適に動ける体を手に入れられます。忙しくて時間がなくても、「その体を、普段からキビキビと活発に動かす」ことは、それほど難しいことではありません。

日常の生活活動も工夫次第で運動に変わるのです。起きている間の身体活動を充実させましょう。

カッコよく歩くための股関節の使い方

ここでは元気よく動く、歩くためのいくつかのポイントについて説明したいと思います。普段から元気よく歩ければ、通勤途中やデパートの中でさえ、あなただけのスポーツタイムになるでしょう。

姿勢よく歩く姿はカッコいい

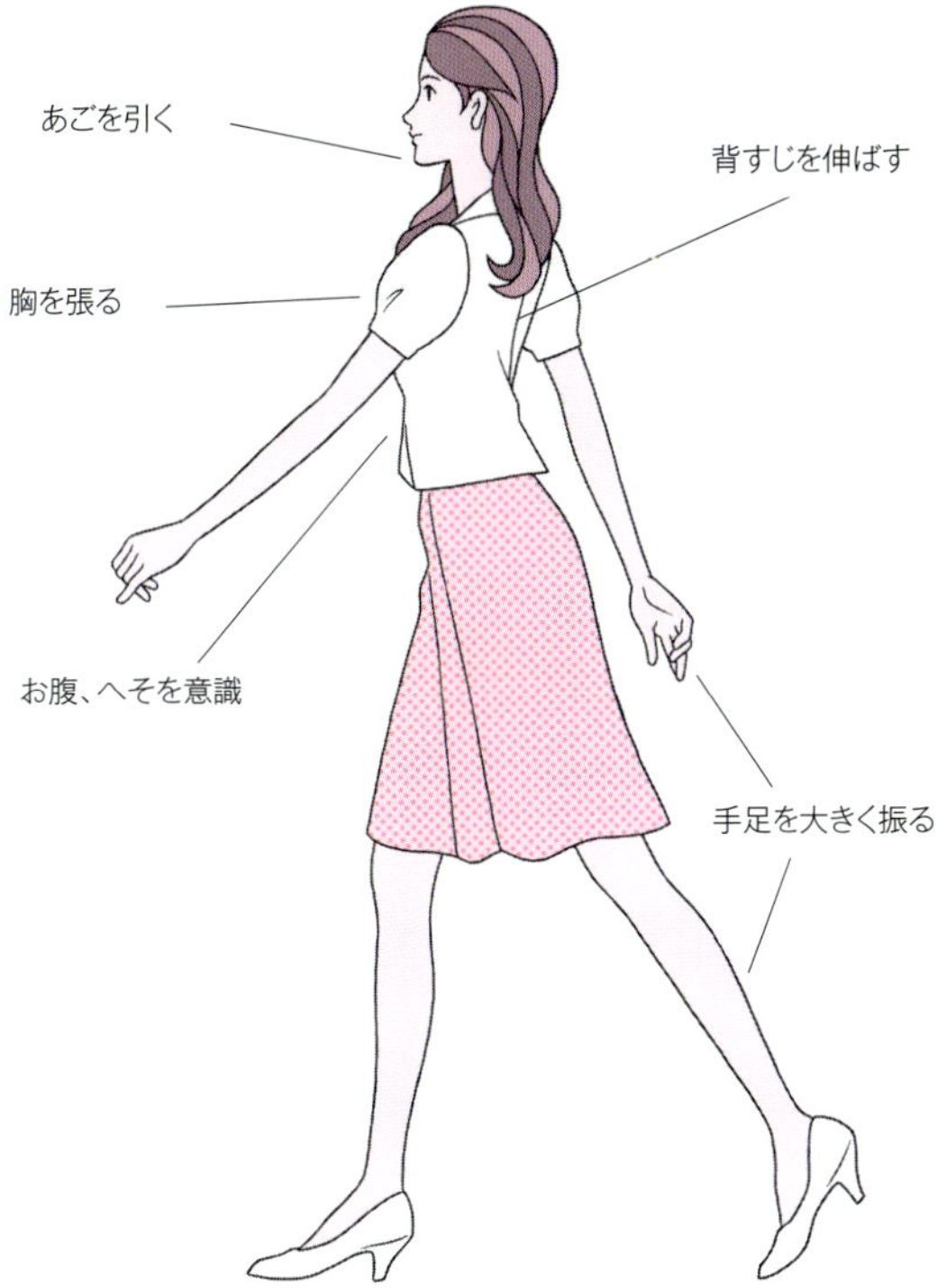
あごを引く
背すじを伸ばす
胸を張る
お腹、へそを意識
手足を大きく振る

1・お腹、へそを意識して姿勢を正す

まず胸を張ってあごを引き、背すじを伸ばします。そしてお腹周りの筋肉を使ってその姿勢をしっかりとキープします。これで、手足を動かす土台となる体幹が安定しました。

歩くときは、手足をしっかりと大きくリズミカルに動かすようにします（125ページ図）。**このとき、特に心がけてほしいのが「お腹、へそのあたりを意識する」ことです。昔から、中国武術や東洋医学でもへその下あたりを臍下丹田《せいかたんでん》と呼び、丹田を意識することの重要性を説いています。**

日本の伝統芸能の能や歌舞伎などでも、着物の帯をへそのあたりでキュッと締めることで臍下丹田を意識しやすくなるそうです。

はじめのうちは難しいかもしれませんが、慣れてくると自然にできるようになってくると思います。

姿勢を正して颯爽《さっそう》と歩く姿は誰が見ても気持ちがよく、カッコイイものです。

2・膝先ばかりでなく「股関節」で歩く

手足を大きく振って歩くには、「股関節で歩く」ように心がけることです。

股関節とは「脚の付け根の関節」のことですから、股関節で歩くというのは、「脚を根元の股関節から大きく振り出して歩きましょう」ということです。

欧米人が股関節から大きく歩くのに比べて、日本人は膝先ばかりでちょこちょこと小さく歩く人が多いと言われます。体型が違っても、根元から大きく脚を振り出せば歩幅は大きくなります。歩幅が広がれば、歩く速度も上がります。何より股関節から大きく歩けると気持ちがよいものです。

そこで、股関節から大きく脚を振り出して歩くための方法を2つ紹介しましょう。

1つは脚を根元から大きく振る「股関節前後体操（80ページ図）」を行って、股関節から脚を動かす感覚をつかむことです。股関節を動かす感覚を覚えることで、普段の歩きでも股関節が大きく使えるようになります。

もう1つは、振り出すほうの脚の動きを意識して歩く「大腰筋《だいようきん》ウォーキング」で歩

振り出す脚を意識して歩く「大腰筋ウォーキング」

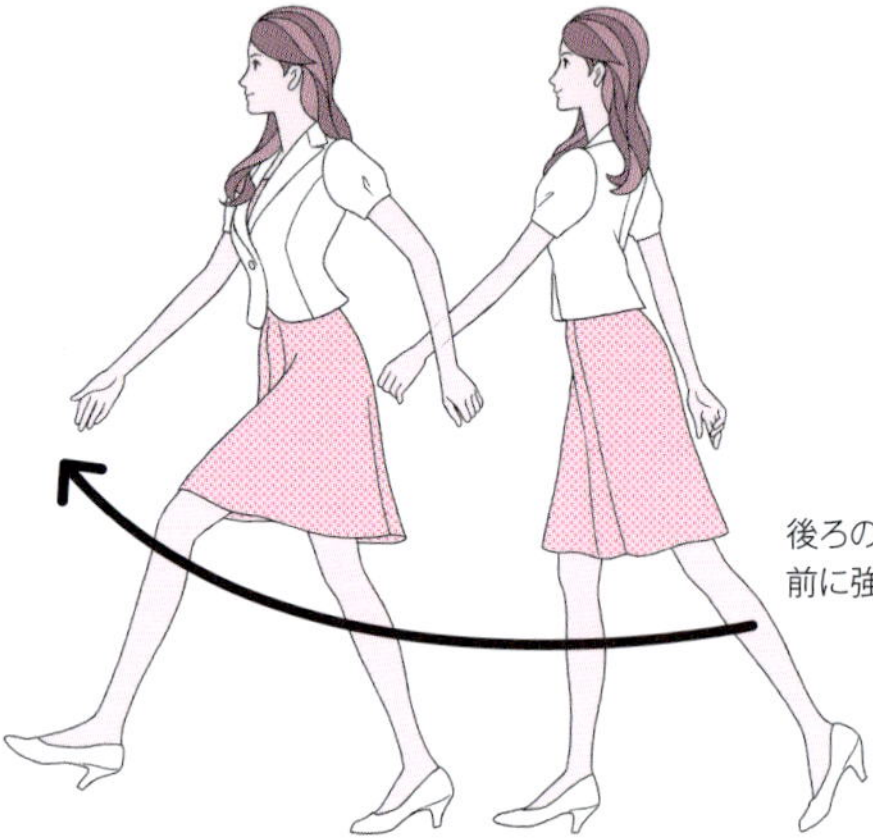

くことです（上図）。歩くという動作は、脚で地面を後ろに蹴る動作と、その反対側の脚を前に振り出す動作を同時に行います。両方の動きを意識するのは難しいので、ここでは前に振り出す動きだけを意識して行うのです。

脚を前に振り出す働きを持つのは、下腹の深部にある大腰筋と腸骨筋《ちょうこつきん》（合わせて腸腰筋）という筋肉です。この2つの筋肉を使った動きを意識的に行うことから「大腰筋ウォーキング」と言います。

歩き方は「振り出す脚を意識的に強くする」という方法なのですが、そのタイミングがポイントになります。地面を蹴った後ろの脚を、〝後ろから前に振り戻し始めるとき〟に脚を前に強く振り出すように意識します。大腰筋、腸骨筋が強い力を発揮するのは、主にこの後ろにある脚を前に振り出し始める瞬間だからです。

膝を後ろから前に送り出す意識で歩くようにすると、股関節から強く脚が前に出るようになります。振り出す脚につられて蹴り脚の振りも自然と強く大きくなるため、歩幅も速度も上がります。

3・身軽に動ける歩きやすい靴を履く

活動的に行動するには、靴の選び方も大切です。かかとの高いハイヒールやブーツは歩きにくいだけでなく、立ったときに膝が曲がりやすく、姿勢がくずれる原因にもなります。また、つま先の形や材質によっては靴ずれを起こしてしまう可能性もあります。

テキパキと活動的に過ごすには、まずは足元からです。

最近では、見た目は普通のフォーマルスタイルのパンプスでも、柔らかい素材で靴幅も広く、まるでスニーカーのような履き心地のものもたくさん出回っています。デザインもそれなりに豊富でおしゃれなものも増えています。見た目はもちろん大事ですが、それ以上に履き心地は重要です。

ファッション評論家のピーコさんが、「オシャレは我慢、オシャレに暑い寒いはない」と言っているのを聞いたことがあります。もちろん、そういう勝負をするべきときもあるかもしれませんが、日常生活において、それは当てはまらないと思います。足に合わない靴を履き続けていると歩く量が減るだけでなく、姿勢のくずれや靴ずれ、また外反母趾などの体の不調の原因にもなります。

おしゃれの面ではハイヒールやブーツもカッコいいのですが、これからの時代はむしろスニーカータイプの歩きやすい靴のほうが、身軽に動けて行動力のある「ステキな女性」のスタイルになるのではないかと思います。

形から入るというのも、新しいことを始めるよいきっかけになります。これを機会に、普段用も仕事用も思い切ってしゃれたデザインの新しいものにしてはどうでしょうか。ただし、選ぶ際にはデザインも大事ですが、歩きやすさ、履き心地を優先してください。

できるだけ階段を使おう

町を歩いていてもビルの中でも、歩く場所は平地のみではありません。エレベーターやエスカレーターを利用する機会は意外に多いと思います。そこで、普段の生活の中で、エレベーターやエスカレーターの使用をできるだけ避け、階段を使うようにすれば、活動量を増やすことができます。

階段をよく使えば、それだけ運動量は増えます。筋肉にかかる負荷も大きくなるのでちょっとした筋トレにもなり、足腰強化にも役立ちます。

便利さのあまり、**1つ上の階に上がるだけでもエレベーターを使う人が多いようです。自分の体のためにも、地球のためにも(ムダなエネルギー消費、CO_2問題ですね)階段を使うようにしましょう。**最低でも1つ上の階(できれば2つ上の階)くらいは階段を使っていただきたいと思います。

エスカレーターを使う場合も、ただ乗るのではなく、エスカレーターを歩いて昇り降りする癖をつけるとよいでしょう。これだけでも運動量がかなりアップするはずです。ただし、エスカレーターは安全上の理由から本来は真ん中に立ってしっかり手すりを持ち、動かないで乗るのが正しい乗り方だそうです。あまり乱暴に駆け上がったり降りたりはせず、周りの人の迷惑にならない程度に昇り降りするよう注意してください。

スイスイ階段が昇れる反動動作のワザ

「階段を積極的に使いましょう」といっても、普段体を動かさない人にとってはかんたんなことではないと思います。そこで、階段をスイスイ昇るのに役立つ、ちょっとした体の動かし方のコツを紹介しましょう。筋肉、腱のバネを使った「反動動作」を使った階段の昇り方です。

私たちの筋肉・腱には、弾性力、つまりバネ作用があります。これを上手に使うと、体を要領よくダイナミックに動かせるようになります。このバネ作用を生み出すのが「反動」を使った動きです。

例えば、椅子から立ち上がるときは、脚の力だけでそのままスッと立ち上がるのではなく、必ず一度お辞儀をするように上体が前かがみになる動きをしてから立ち上がります。体を起こして立ち上がる動きの前に、それとは反対の動作、「反動」を取り

反動を使った例：椅子からの立ち上がり

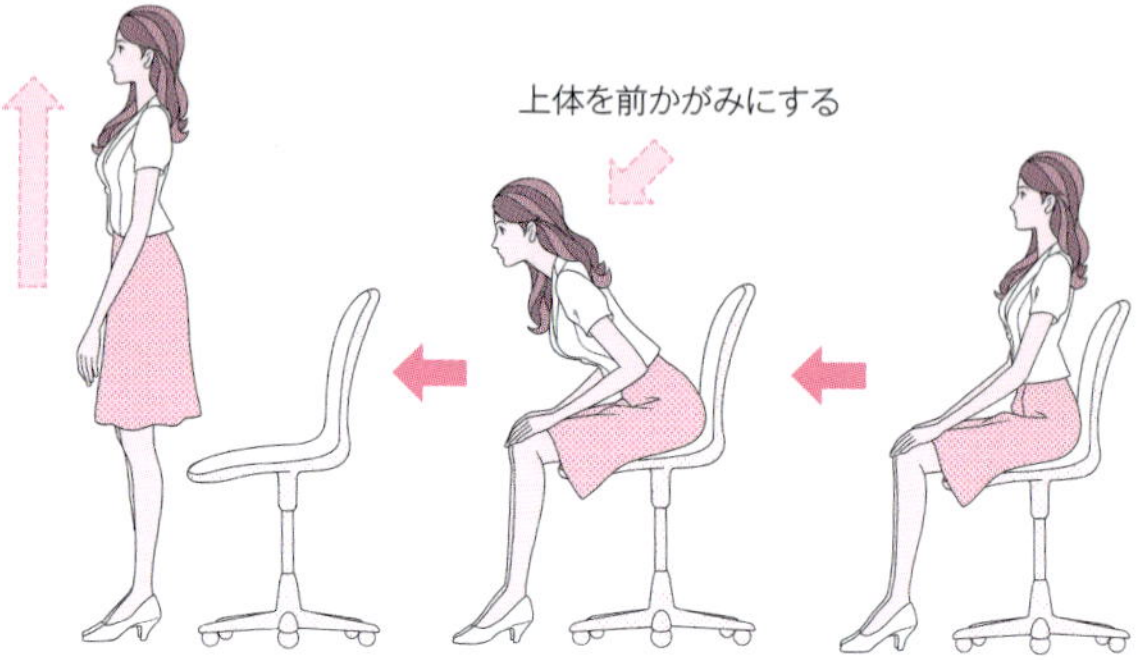

入れるのです。体を前に倒す反対向きの力を筋肉、腱がバネ作用で返すため、スッと体を起こして立ち上がることができます（上図）。

バネを使った反動動作のポイントは、お辞儀をしてから体を起こす動作へと「動きを反対向きに切り返す瞬間」にポンと力を出すことです。この瞬間をつかまえないと、うまくバネで返せません。

私たちの体は動きを切り返すときに大きな力を発揮します。なので、多くの人はその瞬間にある掛け声を自然に発します。おわかりですか？　答えは「よいしょ」ですね。

「よいしょ」なんて年寄り臭いと思うかもしれません。しかし、「よいしょ」は、反動を使った動きでうまく力を発揮するための掛け声です。ですから、活動的に体を動かすために、「よいしょ」をどんどん使っていただきたいと思います。

試しに、この反動動作を少し大げさにして立ち上がってみてください。もちろん動作を切り返すときにしっかりと「よいしょ」と声を出してみましょう。反動をバネで返してすっと立ち上がる感覚がわかると思います。

なお、バネ作用と反動動作を使った動きの代表例といえば、カンガルーのホッピングがあげられます。カンガルーは、着地する力をバネで返すことで跳びあがる力に利用しているのです。人の体にも同様のメカニズムがあるのですね。

説明が長くなってしまいましたが、反動動作は階段を昇る動作にも利用できます。まず、前脚を着地するときに少し前かがみに上体を倒します。そして「よいしょ」と切り返し、上体を起こしながら一歩階段を昇ります。立ち上がる動作で行うような、上体を前後に振る動きを混ぜた歩き方になります（１３７ページ図）。

動きがわかりにくい場合は、軽く首を前後に振るような意識で行ってみてください。首の動きに誘導されて、上体を振る動きも自然に行えるはずです。

反動動作は本来自然に行うものです。2段飛ばしや3段飛ばしで階段を昇る場合は、必ず大きな動きでこの上体を前後させる反動を使っています。普段の階段昇りでも、この動きを小さく使っています。それを少し意識して強めに行うことで、ずいぶん楽にスイスイと階段を昇れるようになります。階段を昇るのが楽しくなるかもしれません。慣れてきたら1段飛ばしに挑戦してもよいでしょう。

ただし、階段は踏み外したりすると思わぬ事故につながります。体のためとはいえ、十分に気をつけて行ってください。特に雨で滑りやすいときは注意が必要です。

なお、人前で「よいしょ」と発するのはちょっと恥ずかしいかもしれませんね。そのときは心の中でつぶやきながら階段を昇るようにしてみてください。

階段を昇る動作に反動を応用

下り階段は絶好の筋力トレーニング場所

階段の利用は昇るときばかりではありません。昇った分だけ、当然降りなければなりません。

階段を降りる動作は、割合ラクにできます。ということは、エネルギー消費はあまり多くないということです。ですから通常の歩行や階段昇りのような軽い有酸素運動としての効果はかなり弱くなります。しかし、階段を降りる動作は、筋肉に刺激を与える筋力トレーニングとしての効果が意外とあるのです。

階段を降りる動作をするとき、筋肉をブレーキとして使います。これを「エキセントリック収縮」と言います。

エキセントリック収縮は、外部のエネルギーをブレーキとして受け取るため、筋肉に微細な損傷が起こりやすいという特徴があります。階段を降りるとき、着地の衝撃エネルギーをエキセントリック収縮によって受け止めるので、筋肉がダメージを受けるのです。このダメージが、いわゆる「筋肉痛」の原因となります。実験で階段を昇り続ける運動と降り続ける運動を比べてみると、翌日に強い筋肉痛を起こすのは階段を降り続けたグループになります。

そしてこのエキセントリック収縮によるダメージは、筋肉を発達させる有効な刺激の1つになるのです。**また、別の実験では、階段を降りる運動には耐糖能という血糖値の上昇を抑える働きがあることも示されていることから、糖尿病の予防効果もあることがわかってきました。**

こうした働きがあるのは、エキセントリック収縮が、糖質代謝に優れた「速筋」という筋肉を主に使う運動だからだと考えられます。ブレーキをかけるのは「とっさに体を守るとき」に必要な動作なので、素早く力を発揮できる速筋を使うのです。

以上のことから、階段を降りる動作にも運動としてのメリットがあることがおわかりいただけたと思います。駅などで階段はすいているのに、すぐ横にある下りのエスカレーターの前に行列ができている光景をよく見かけます。**下りのエスカレーターの**

順番を並んで待つくらいなら、階段を使ってみましょう。

注意していただきたいのは、階段を降りる動作は関節などへの衝撃が強く、膝や足首を痛めやすいという問題があることです。気になる場合はスピードをやや遅くして、一歩一歩確実に降りるようにしましょう。筋肉への刺激という点でもしっかりと筋肉に負荷がかけられるので、ゆっくりとていねいに降りたほうが効果的です。

第5章

無理なく続けるための食事ルール

食事と運動のエネルギー収支をマイナスに

体重の増減は、摂取エネルギー(食事)と消費エネルギー(運動)の収支バランスによって決まります。

ですから、スリムな体型を目指すには、運動や活動量を増やして消費エネルギーを増やすことだけでなく、摂取エネルギーを抑えること、つまり食事にも気を遣うほうが近道です。

少し前に大流行したダイエットに、「低インスリンダイエット」がありました。血糖値の上昇がゆるやかな低GI値(糖質の吸収速度を示す値)の食品を選んで摂取することで体脂肪を減らし、体重を減らそうとする方法です。糖質(炭水化物)の摂取量とGI値にさえ気をつければ「あとは何でも好きなだけ食べられる」という夢のような話です。朝1本のバナナでやせるという方法も、それさえ守ればあとは何をどれだけ食べてもいいというダイエットでした。

しかし、冷静に考えてみれば、それだけでスリムな体型になるのはまず無理でしょう。もちろん有用な点もあるとは思います。しかし、体重の増減を考える際、基本となるのは摂取エネルギーと消費エネルギーの収支バランスです。やせるためにはエネルギー収支でいかに赤字をつくるかが基本であり、そこにオプション的な考えとして、低インスリンダイエットのような方法を加味していくというのが正解なのです。いつどんなタイミングで何を食べるのか、栄養のとり方でどんな工夫をするのか、というのはあくまで付随的な要素に過ぎません。

オプションだけで大きな効果を得ようというのは、まさに本末転倒です。

本書では、食事に関しても「無理なく続けられること」を第一に考え、無理して頑張る「制限」ではなく、毎日ちょっと気をつけるだけのかんたんな「ルール」を提案したいと思います。一生もののスタイルは、一生ものの習慣なくしてはあり得ません。食事についてもそれは同じです。

間違った食事制限は大事な筋肉ばかり落としてしまう

食事は、娯楽の1つともいえます。ですから、いくらスリムになりたいとは思っても、食事に大きく制限をかけてしまうと、ダイエットを長く続けていくのが難しくなります。

また、**過度に食事を制限すると、体重は早く減少するかもしれませんが、同時に大切な筋肉まで大きく減らしてしまう可能性もあります。体重が落ちたわりには体脂肪率がそれほど下がらない、といった状態になりかねないのです。**

私たちの体は、極端な食事制限によって「飢え」を感じると、貯蔵エネルギーである脂肪をできるだけため込もうとします(脂肪ため込みモード)。では、その代わりに何を使うかというと、筋肉を使って飢えをしのごうとするのです。

筋肉は、体を動かすエンジンですから、筋肉が減ると体力が低下して日常の活動量が減ってしまいます。また基礎代謝も落ちてしまうので、体は消費エネルギーの少ない状態になってしまいます。

こうなると、摂取エネルギーを抑えて体重が落ちたとしても、消費エネルギーも減っているわけですから、結局リバウンドしてしまいます。しかも筋肉が減った分、前よりも体脂肪率が上がってしまうというわけです。

また、食欲は睡眠欲、性欲と並ぶ人間の3大欲求のうちの1つです。食事で大きなストレスを感じてしまっては、心身の健康を保つことも難しくなるでしょう。

極端な行為はいつか大きな反動を招きます。やせたいあまりに厳しい食事制限を続けていると、ドカ食いしたくなる衝動を誘発する恐れがあります。禁止ばかりの「制限」ではなく、これならできる、続けられるというかんたんな「ルール」を提案する理由がこれでおわかりいただけるでしょう。

食事の「基本ルール」と「できればルール」

摂取エネルギーを抑えるために、食事をする上で守っておきたい「ルール」があります。

といっても、極端な食事制限ではありません。少し気をつければいい程度のかんたんなものです。何度も申し上げているように、無理をして続かないのがいちばんよくありません。

一生長続きする、つまり一生スリムでいるためには、かんたんなルールを確実に守り続けるのが得策です。

このかんたんなルールについて、「必ず守りたい」ルールと「できれば気をつけたい」ルールの2つに分けて紹介したいと思います。

習慣にしたい食事のルール　4カ条＋3カ条

できれば気をつけたい3つのルール

- 高脂肪食品を避ける
- 酒のつまみに注意する
- 甘いものを食べるなら朝か運動後がベスト

必ず守りたい4つのルール

- ゆっくり味わって腹八分目
- 朝食をしっかりとる
- 食べたくないときは無理して食べない
- 夜の食事量を控える

◎必ず守りたい４つの基本ルール

●必ず守りたいルール１・ゆっくり味わって腹八分目

食事内容にもよりますが、満腹感は食べ始めて20分くらいたってから感じると言われています。食べ物が体内に入ってから、血糖値や血中脂質の濃度などが上がって脳に満腹指令が届くまでの「時間差が20分」というわけです。

入門したばかりの若い相撲取りは、体を大きくしたいがために、とにかく大量のごはんを短時間(満腹感を感じる前)に詰め込めるだけ詰め込むのだそうです。**昔からある効率的な太り方が、早食いなのです。**

ということは、その逆が太らない食べ方ということ。つまり、**ゆっくりと時間をかけて、よく噛んで味わって食べることが、やせる食べ方です。**

もう1つ心がけてほしいのは、腹八分目でおさえるということ。

時間をかけて食べるようになると、これまでいかに食べ過ぎていたかがわかるはずです。最初のうちはちょっと物足りないと思うかもしれませんが、そのときは一度箸を置いて話をしたり、テレビを見たりしてしばらく時間を過ごしてください。脳に満腹感の指令が届くため、不思議と食欲が薄れていきます。食事のときは、「ゆっくり味わって腹八分目」。この新しい習慣をぜひ身につけてください。

●必ず守りたいルール２・朝食をしっかりとる

眠っているとき、人は絶食状態にあります。ということは、起床時の体内のエネルギーはからっぽの状態ということ。１日の活動を始めるには、エネルギーをきちんと補給しなければなりません。

「朝食を抜いたほうがやせる」と思っている方もいますが、実際はその逆。絶食状態の朝に食事をしないと、体が飢えを感じ、脂肪ではなく筋肉を落とす結果になってしまうのです。また、エネルギー不足のまま活動すると、うまく体を動かせないどころか、頭の回転も鈍りがちです。空腹のあまりランチではドカ食いすることになり、その結果、午後は食べ過ぎで体が重くなるという悪循環に陥ることもあります。

メニューの内容は、栄養のバランスを考え、主食の炭水化物に加え、卵や大豆、乳製品に野菜などを組み合わせて多品目をしっかりと食べたいところです。時間がない、**朝は食べるのが苦手という人は、ジュース1杯、ヨーグルト1個でもいいので何か口にする習慣をつけるようにしましょう。**

日本人のかんたん朝ごはんの代表に、「卵かけごはん」があります。「卵かけごはん」は、主要なエネルギー源の糖質と体温を上げる効果の高いタンパク質をしっかりとれる、優れた朝食メニューです。これなら、さっと準備できて洗い物も少ないので、1人暮らしの強い味方になります(理想を言えば、具だくさんのみそ汁かスープを添えるとさらによいでしょう)。

●必ず守りたいルール3・食べたくないときは、無理して食べない

「お菓子やケーキは見た目がきれいだから」、「季節限定の新商品だから」、「友だちが食べていたから」といった理由で、なんとなく食べていませんか。

この〝なんとなく食べ〟の行動は、肥満の大敵です。お腹がすいているならともかく、そうでないのに食べてしまうのは余分なエネルギー摂取にほかなりません。

特に気をつけたいのが、「小さくて食べ応えはないのに、カロリーの高いお菓子類」です。**買い置きしている人も多いと思いますが、手元においしそうなものがあれば、それほどお腹がすいてなくても、また特に食べたくなくてもつい手が伸びてしまうものです。**

安いからといって買いだめしたり、新商品だからと飛びつくのはやめましょう。**最初から買わなければ、「食べようか、我慢しようか」と悩まずにすみます。**

また、外食をするときは、出されたものをすべて食べる必要はありません。食べ物を捨てるのは非常にもったいないことですが、「自分のお腹に捨てる」よりはましだと考えるようにしましょう（オーダーするときに、いらないものは最初から除いてもらいましょう）。

●必ず守りたいルール４・夜の食事量を控える

夜遅い時間に食事をすると、太りやすくなります。睡眠中は消費エネルギーが減るので、とったばかりの食事のエネルギーは行き場がないため、体脂肪になりやすいからです。

　また近年、脂肪の合成を促す作用のある「ＢＭＡＬ１（ビーマルワン）」という遺伝子が注目されています。ＢＭＡＬ１は、１日の中で増減して体内時計を司《つかさど》ると言われており、「活動状態が下がる夜遅くになると、発現量が増加する」という報告があります。体内の余剰エネルギーを「貯蔵エネルギー」としてしっかり蓄えておこうという生き物としての仕組みなのかもしれません。

　それでも、「仕事で遅くなったから、今日は食べない」というわけにもいきませんから、その場合は主要なエネルギー源となる炭水化物を控えるようにします。いつもはごはん１膳食べているとしたら、その半分くらいに。その代わり、おかずに野菜を加える（サラダよりも温野菜のほうが満腹感を得やすく栄養吸収の面でもいい）などで調整してください。

　どうしても減らすのが嫌なら、夕食の時間を早めてしまうことです。寝る前、少なくとも3時間前には食事を終えるようにするとよいでしょう。

◎できれば気をつけたい３つのルール

●できれば気をつけたいルール１・高脂肪食品を避ける

食べ物に含まれる３大栄養素の中でも、特に体脂肪として蓄積されやすいのが「脂質」です。

糖質やタンパク質の場合は、体脂肪に変換する際にエネルギーを必要とするので３割くらいのロスが出ます。しかし、脂肪の場合は、ほとんどそのロスがありません。

しかも、脂肪分は糖質やタンパク質に比べて２倍以上のエネルギーを持っています。

やせたいと思うならば、あまり積極的にとらないほうがよいでしょう。

ただし、我慢し過ぎもストレスになります。できる範囲でメニューを選べばよいと思います。

●できれば気をつけたいルール２・酒のつまみに注意する

仕事仲間や友だちとの飲み会は、ストレス解消にもなって楽しいものです。ですが、カロリーの点では注意が必要です。酒のつまみには、ピザに唐揚げ、ポテトフライといった脂っこいものが多いからです。

まずは、お酒を飲み過ぎないことと、つまみは食べ過ぎないことを肝に銘じてください。何ごとも〝過ぎ〟にいいことはありません。**つまみを選ぶ際には油っぽいものは控えめに、枝豆や納豆、豆腐といった大豆製品やおひたしなどの温野菜を注文しましょう。もちろん揚げものを食べてもかまいませんが、必ず何人かでシェアして量はあくまで控えめに。**

なお、最後に頼むメニューとして、男性ならラーメン、女性ならデザート類、特にアイスクリームなどが欠かせない人もいるでしょう。でもここが我慢のしどころです。食べないのがいちばんですが、どうしても食べたい場合はラーメンよりはお茶漬け、アイスクリームよりはシャーベットなど、脂肪分の少ないほうを選ぶようにしてください。

●できれば気をつけたいルール3・甘いものを食べるなら朝か運動後がベスト

疲れたとき、口寂しいとき、ふと甘いものが食べたくなるものです。**甘さの元である砂糖やブドウ糖は体への吸収が速く、また体に蓄積する速度が消費する速度よりも速いため、脂肪になりやすいことがわかっています。**

体脂肪を減らすことを考えればできれば避けたい食品ですが、摂取する時間や状況によっては、甘いものは重要なエネルギーになります。たとえば、朝起きたとき、運動した後など、体内の貯蔵エネルギーが不足しているときは、急いでエネルギー補給しなければなりません。そんなときは、吸収が速く即効性のある糖質が役立ちます。

つまり、**同じ甘いものでも、食べるタイミングによって体脂肪になることもあれば、エネルギー源として役立つこともあるのです。**

どうしても食べたいときは、体脂肪にしないため、朝か運動後を選びましょう。ただし、朝か運動後なら「いくら食べてもいい」というわけではありません。大福なら1個まで、ショートケーキなら半分くらいと、1日あたり100～200キロカロリー程度に抑えてください。

COLUMN 05

甘いものとの上手な付き合い方

「いもたこなんきん」という言葉があるほど、女性は昔からさつまいもや南京(かぼちゃ)のような甘いものが好きなようです。これは単に嗜好の問題ではなく、妊娠・出産にかかわる女性ホルモンが関係していると言われています。

ですから女性にとって甘いものを我慢することは至難の業。無理をするとストレスがたまってしまいます。ここでは甘いものとうまく付き合っていく方法をいくつか紹介しましょう。

①ゼロカロリー食品の利用

スーパーやコンビニなどで、ゼリーやドリンクなどの「ゼロカロリー食品」をよく見かけるようになりました。ゼロカロリー食品とは砂糖の代わりにエリスリトールやアスパルテームなどの超低カロリーの甘味料を使うことで、カロリーをゼロ近くにまで抑えた食品のことです。

甘さ自体は砂糖を使ったものとあまり変わらないので、ちょっと甘いものがほしいと思ったときにうまく活用するとダイエットの強い味方となるでしょう。ただし、それに安心して他で不摂生をしていては意味がなくなるので、要注意です。

②洋菓子よりも和菓子を

スイーツを選ぶなら、洋菓子よりも和菓子を選ぶほうが賢明です。両者の大きな違いは脂質の量。多くの洋菓子は脂肪分の塊ですが、大抵の和菓子はほとんど脂質を含んでいません。この脂質の量がポイントなのです。

甘いもの(砂糖)と脂質の組み合わせは肥満を誘発する最強のコンビです。同じ食べるなら和菓子のような低脂肪のものを選ぶようにしましょう。洋菓子ならカステラなどが意外と低脂肪です。

ただし、和菓子やカステラならいくら食べてもよいわけではありません。同じ食べるなら脂質の少ないものを、ということです。

第6章

かんたん ながらスロトレ&無理のない有酸素運動

快適に動ける体になったら、無理のない運動を

これまであまり運動に縁がなかった人も、姿勢が整い、快適に体が動くようになると「運動したい！」という意欲が自然にわいてくると思います。

そこで、まずは無理せず取り組める運動として、「かんたん ながらスロトレ」と「無理なくできる有酸素運動」を紹介します。どれも手軽にひとりでできるものばかりです。自信がついてきたら、家族や仲間とテニスやゴルフなどのレクリエーションスポーツを始めるのもよいでしょう。

ただし、初めからあまり頑張り過ぎず、無理なく続けることを第一に考えていただければと思います。何度も繰り返しますが、一生ものの美しい姿勢、メリハリのあるボディライン、健康な体は、「一生ものの習慣」でしか得られないのです。

①かんたん ながらスロトレ編

スロトレがくびれ美人につながる3つの理由

スロトレ(スロートレーニング)は、筋トレ法の1つ。文字通りゆっくりとした動きで行います。例えば脚を上下させる運動なら、3秒かけてゆっくり上げる、また3秒かけてゆっくり下ろすといった具合です。運動中に「力を入れっぱなし」にすることで筋肉の血流を制限し、低酸素状態にする筋トレ法です。

筋肉内を低酸素にするスロトレは、高負荷を用いてハードな筋トレを行った場合と同様に筋肉にとって過酷な状態になります。つまり、少ない負荷で高負荷トレーニングを行ったかのように筋肉を〝だまして〟刺激を与え、発達させるというわけです。

スロトレのような筋トレの目的は「筋肉をつけること」ですが、実は減量やお腹や

せにも効果があります。理由として次の3つが考えられます。

理由1・基礎代謝量が上がる

本格的な全身の筋トレを3カ月ほど行うと、除脂肪体重(体重ー《マイナス》体脂肪)が2kgほど増えて、基礎代謝量が100キロカロリーほど増加するという報告があります。

100キロカロリーといえば、体重50kgの人では1時間散歩するくらいのエネルギー消費量に相当します。消費エネルギーが増えれば、それだけ脂肪は減っていきます。お腹周りの脂肪も落ちてサイズダウンすることになるでしょう。

理由2・成長ホルモンの脂肪分解効果

筋トレのような強度の高い運動をすると、成長ホルモンが多量に分泌されます。成長ホルモンには、筋肉を成長させるだけでなく、脂肪分解を促進するといううれしい役割もあるのです。筋肉をだますスロトレでも、通常の高負荷による筋トレと同じくらいの成長ホルモンの分泌亢進《こうしん》が起こることがわかっています。

理由3・筋肉がメリハリボディをつくる

肩、背中の筋肉がしっかりしているとウエストは相対的に締まって見えます。お尻の筋肉もある程度しっかりついていると、ヒップの形が整ってウエストラインがきれいになります。つまり、筋肉はメリハリボディを目指すには欠かせないものなのです。

歌手の安室奈美恵さんやhitomiさんを思い出してみてください。ただ細いだけではスタイルがいいとは言えません。メリハリボディを支えるには、ある程度の筋肉が必要なのです。

くびれ美人の理想型 バレリーナを目指そう

女性の理想のスタイルの代表として、バレリーナがあげられると思います。バレリー**ナの筋肉を調べると、特に大腰筋や中臀筋《ちゅうでんきん》、梨状筋《りじょうきん》など股関節周辺の筋肉がよく発達していて、一般女性の1・5倍ほどもあるそうです。**バレリーナのキュッと上がったヒップラインやしなやかな脚の動きは、これらの筋肉によって支えられているのかもしれません。

大腰筋は下腹の深部にある筋肉で「レッグレイズ」(164ページ〜)、中臀筋はお尻の横にある筋肉で「サイドレッグレイズ」(168ページ〜)、梨状筋はお尻の深部にある筋肉で「ランジ」(174ページ〜)で鍛えることができます。

「かんたん ながらスロトレ」では、これらの股関節周辺筋を中心に全身の筋肉を鍛える種目をいくつか紹介します。気づいたときに、できる種目を行ってください。

なお、スロトレも筋トレの一種ですから筋肉に回復の時間が必要です。運動のあとは軽いストレッチも併せて習慣にしましょう。

同じ種目は毎日は行わず、2~3日に1度くらいのペースで行うようにしてください。ながらスロトレのポイントは2つです。

1・ゆっくり動く

2・肘や膝を伸ばしきって休まない

回数を増やすよりも、ゆっくりと力を入れ続けて、ていねいに一つ一つの動作を行うことが重要です。

ながらスロトレ①

レッグレイズ

腹直筋・腸腰筋・大腿直筋
（お腹・下腹深部・太腿前）

ソファでテレビを見ながらできる腹筋運動。CM中に行うなどのルールを決めて取り組むとよいでしょう。

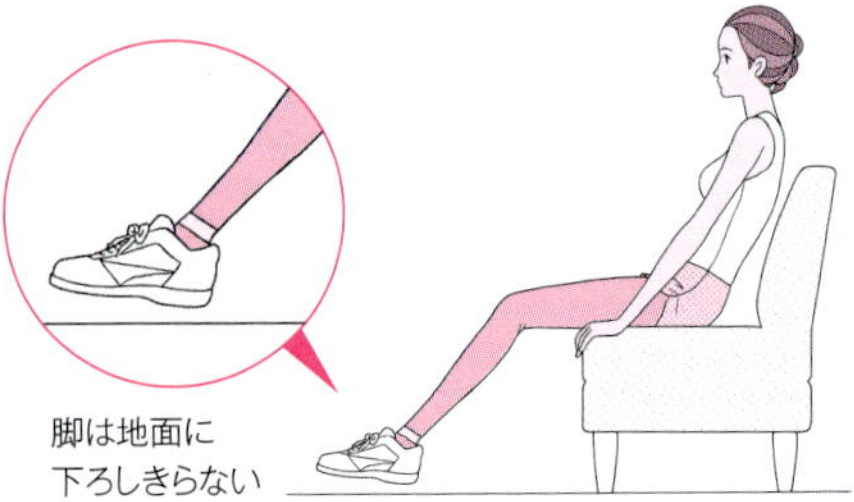

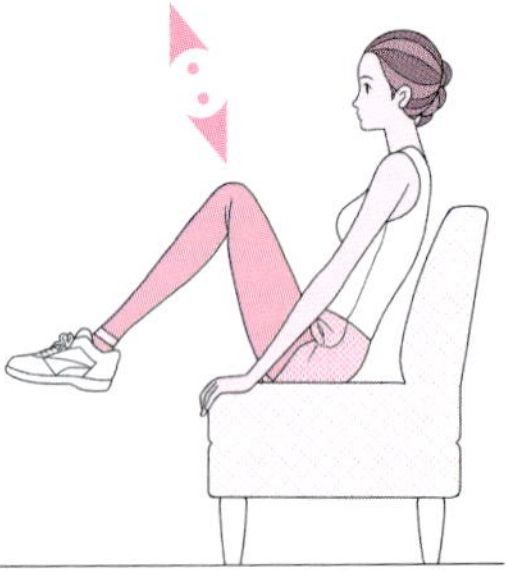

◎how to
ソファなどに浅く座り、手を座面にしっかりつける。脚を前に伸ばし、3秒で上げて3秒で下げる。常にゆっくりした動作を意識すること。5〜10回の範囲でできる回数を行う。

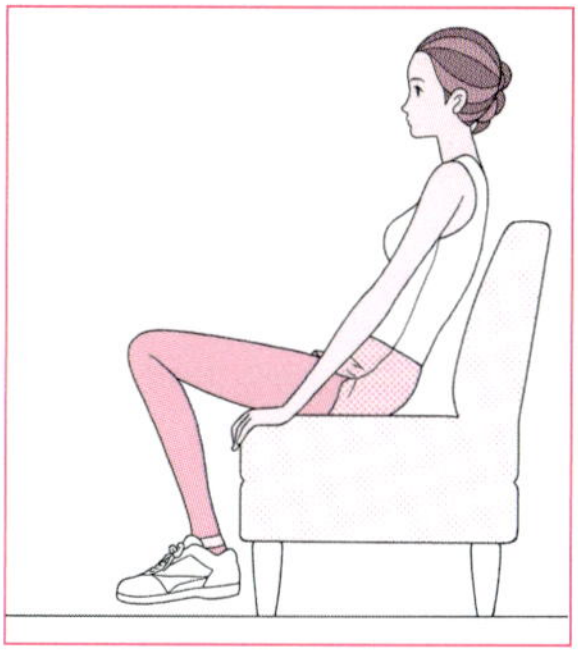

◎きつければ……

膝を曲げたまま上下させてもよい。

◎afterストレッチ

ゆっくりと背中を反らせて15秒間静止する。
寝転べる場合はうつぶせで行うとよい。

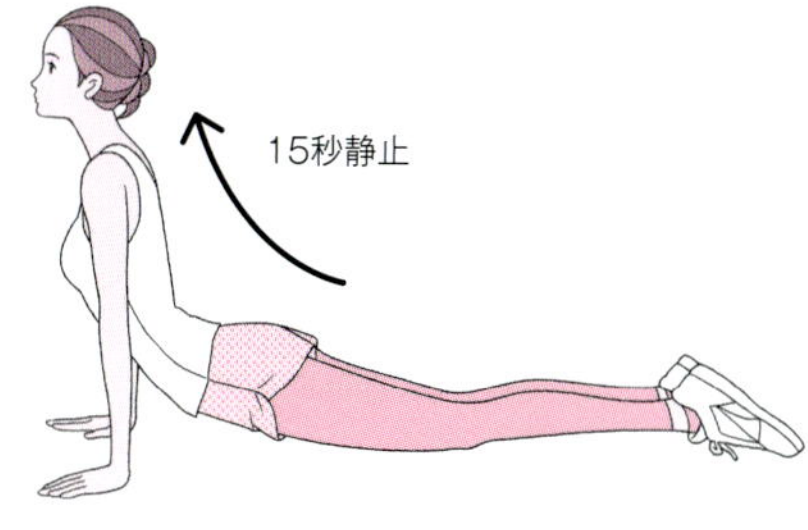

ながらスロトレ②

クランチ

腹直筋（お腹）

仰向けに寝転んで行う腹筋運動。起き上がるついでの習慣にしてもよいでしょう。

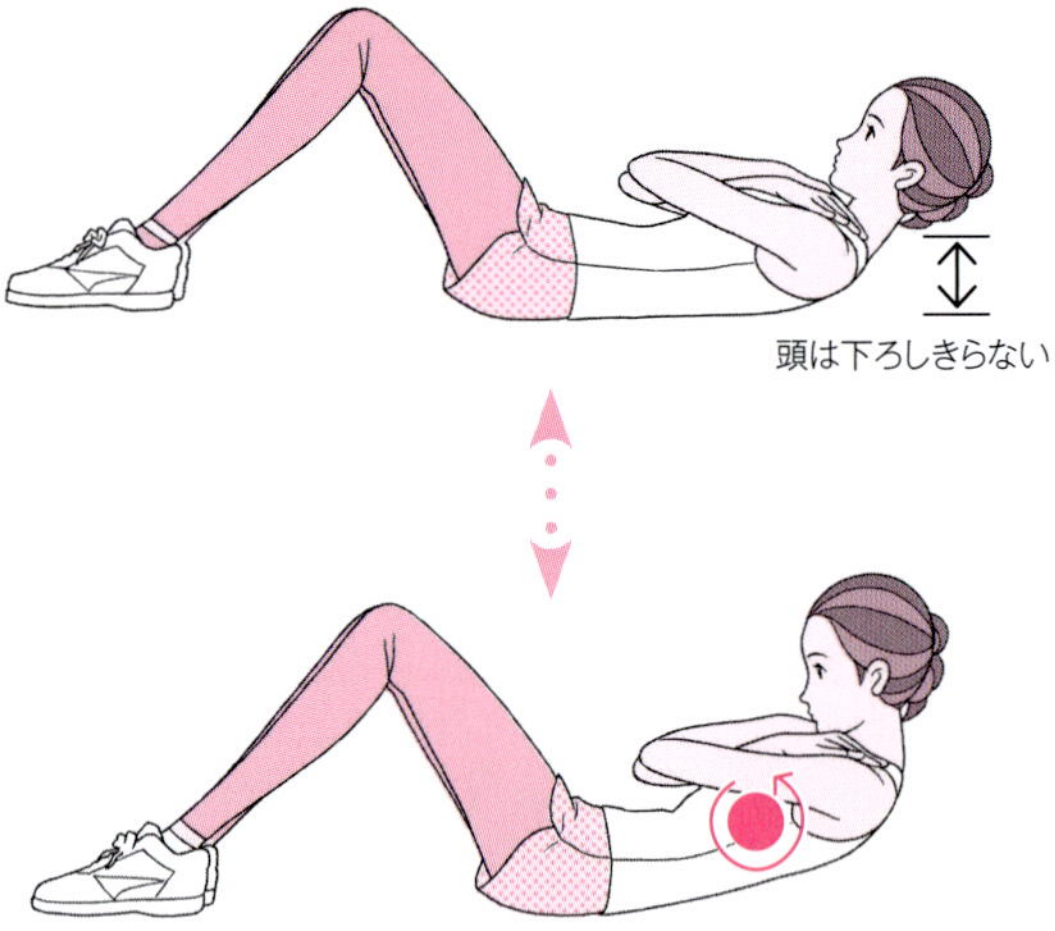

◎how to

仰向けに寝て膝を曲げる。みぞおちあたりから上体を丸めこむように起こして戻す。ゆっくりめの動作を意識して、3秒で上げて3秒で下げる。5～10回の範囲でできる回数を行う。

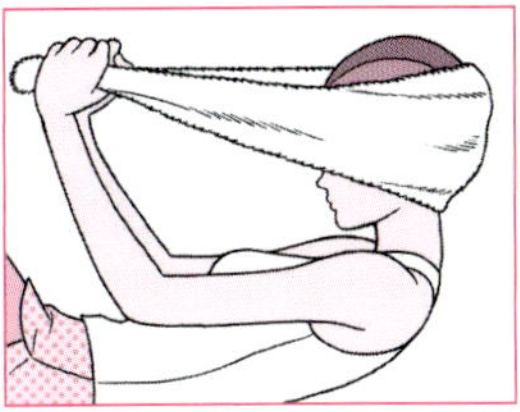

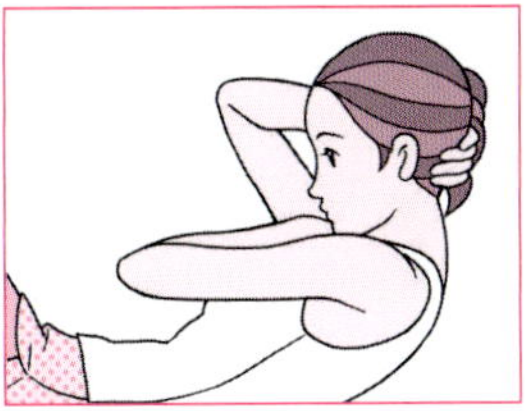

◎きつければ……

首がつらい人は手で支えたり、タオルを使って行ってもよい。

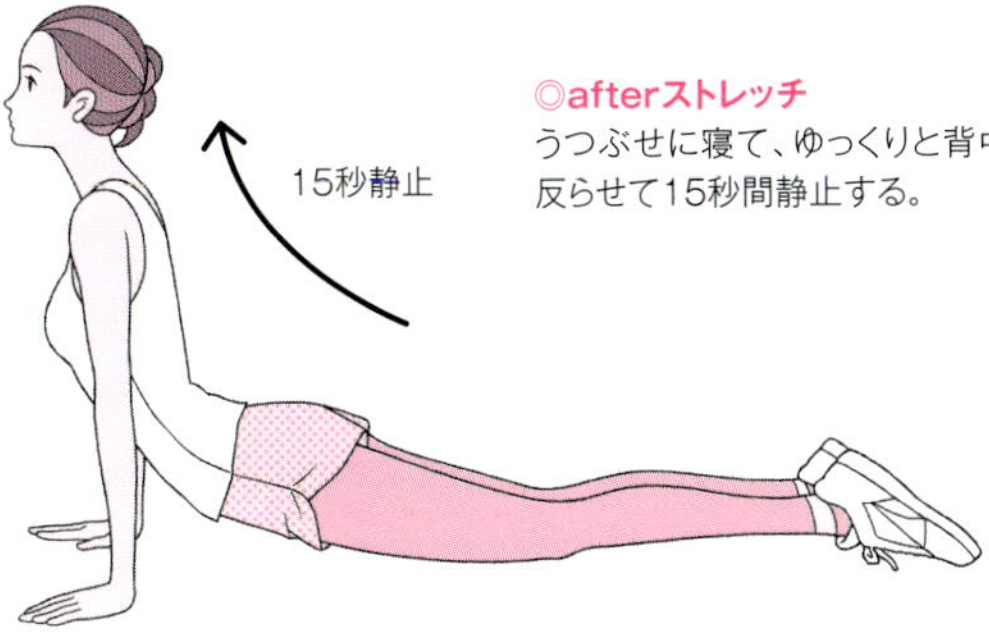

◎afterストレッチ

うつぶせに寝て、ゆっくりと背中を反らせて15秒間静止する。

ながらスロトレ③

サイドレッグレイズ

中臀筋・内・外腹斜筋
（お尻の横・脇腹）

床に寝そべり、足を横に上げる脇腹からお尻の横にかけての運動。エアロビクス体操でよく行われていた運動をスロトレで行います。

◎how to

床に横になり、足を横に上げ下げする。ゆっくりめの動作を意識して、3秒で上げて3秒で下げる。5～10回の範囲でできる回数を行う。

◎きつければ……
膝を曲げて行ってもよい。

◎afterストレッチ
上体を横に倒して脇腹とお尻の横を伸ばす。反動をつけてゆっくり5回行う。

ながらスロトレ④

バックエクステンション

脊柱起立筋・大臀筋・ハムストリングス
（背中・お尻・太腿裏）

椅子に座ってできるながらスロトレ。背中、腰、太もも裏と背面全体が鍛えられます。

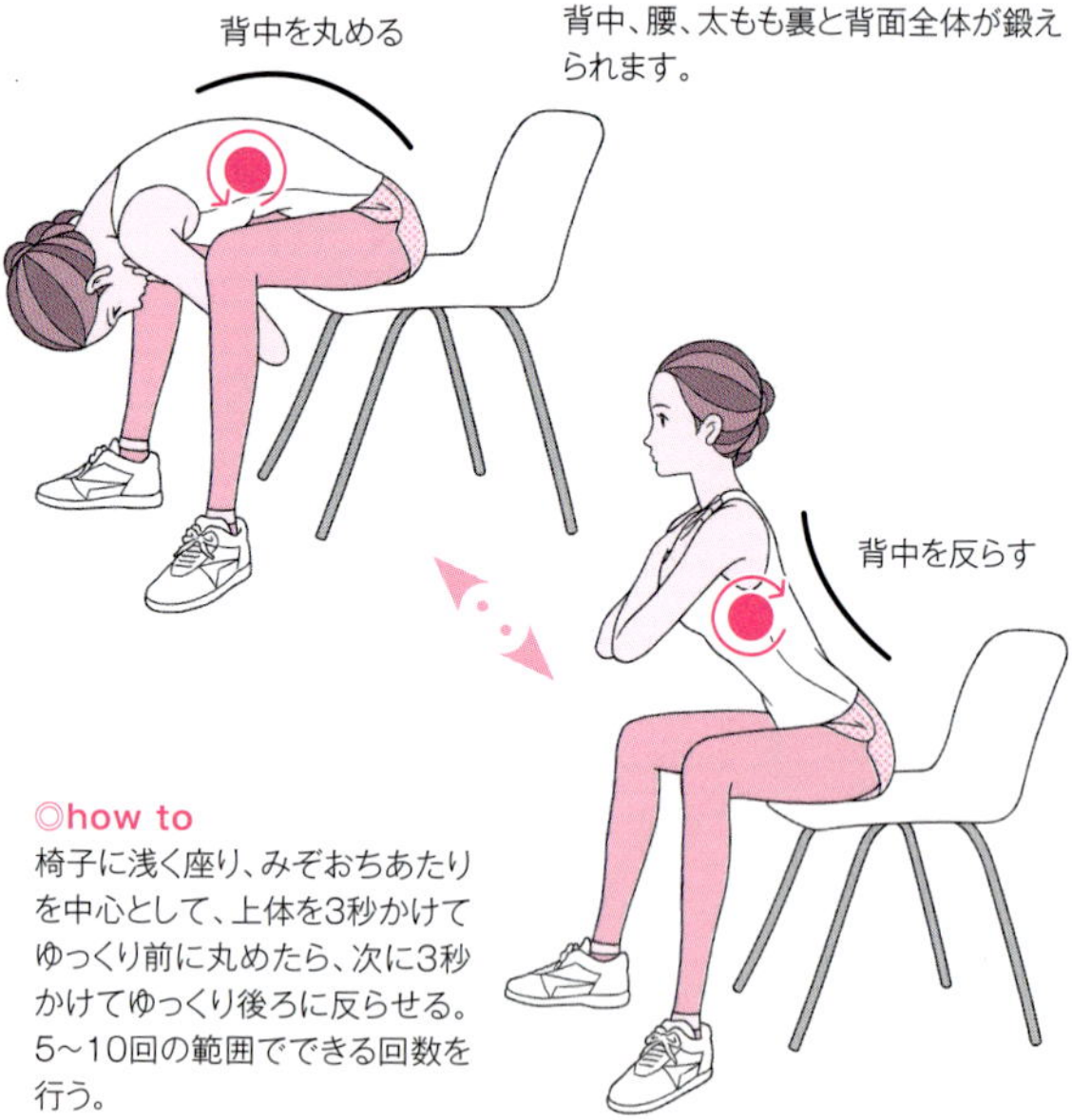

◎how to
椅子に浅く座り、みぞおちあたりを中心として、上体を3秒かけてゆっくり前に丸めたら、次に3秒かけてゆっくり後ろに反らせる。5～10回の範囲でできる回数を行う。

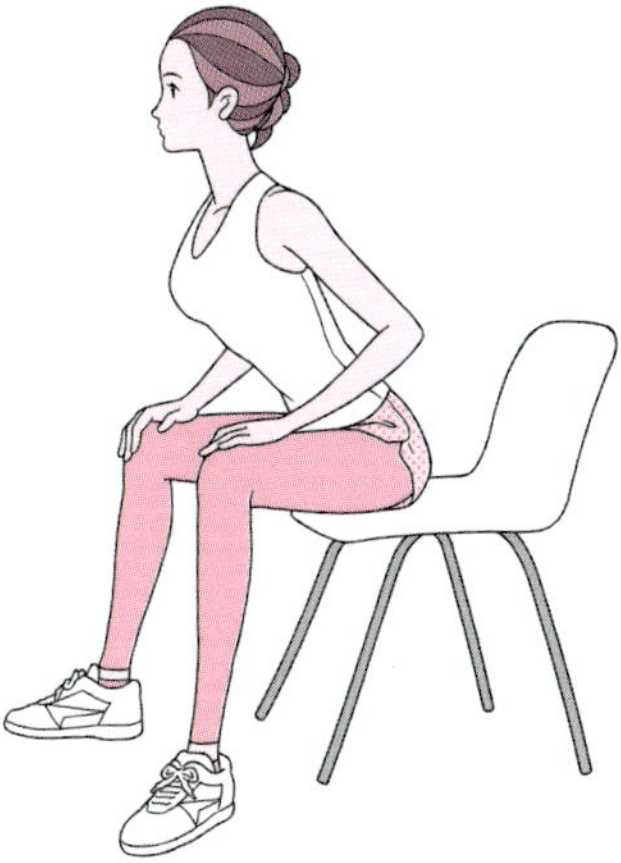

◎きつければ……
手を膝において行うと強度が下がる。

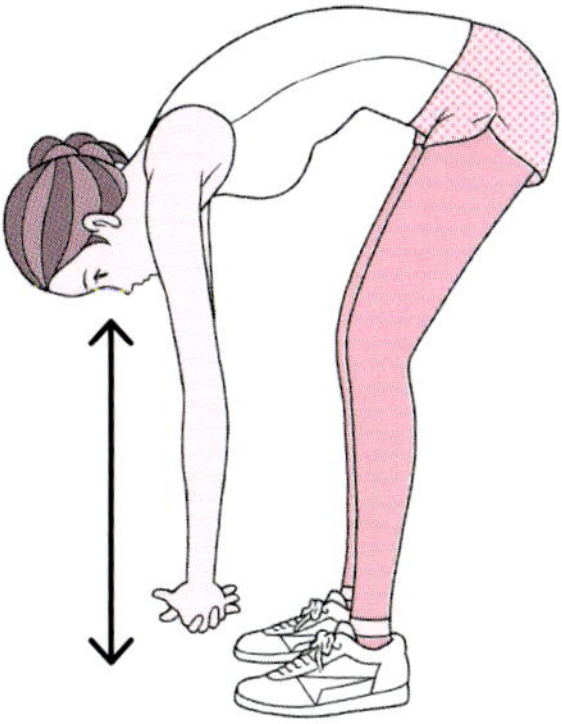

◎afterストレッチ
膝はやや曲げて背中を丸めながら前屈する。反動をつけてゆっくり5回行う。

ながらスロトレ⑤

スクワット

大腿四頭筋・大臀筋・ハムストリングス
（太腿前・お尻・太腿裏）

下半身筋トレの王道種目。太腿前、お尻、太腿裏と下半身全体が鍛えられます。

脚を伸ばし
きって
休まない
太ももが床と
平行になる
くらい

◎how to

しゃがんで立ち上がる動作を繰り返す。膝を伸ばしきって休んだり、下までしゃがみきって休んだりしないように。ゆっくりめの動作を意識して、3秒で上げて3秒で下げる。5〜10回の範囲でできる回数を行う。

◎きつければ……
机などに手を置いて体重をあずけるとやりやすい。

◎afterストレッチ
ゆっくりと屈伸を5回行う。

ながらスロトレ⑥

ランジ

大腿四頭筋・大臀筋・中臀筋・梨状筋・ハムストリングス
（太腿前・お尻・お尻の横、深部・太腿裏）

お尻の横や深部の筋群などにも効く、スクワットのアレンジ種目。
立った姿勢で行うので、すきま時間にすぐにトライできます。

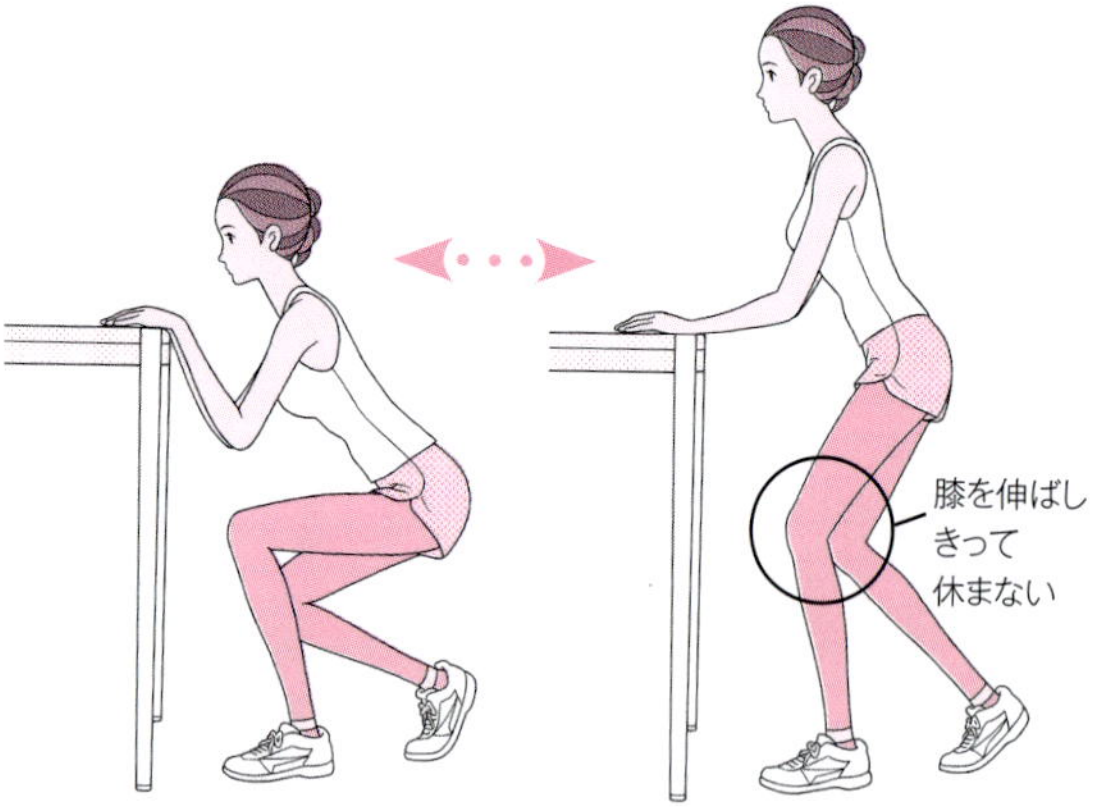

◎how to

机などに手を置き、足を前後に開く。主に前足の動きでしゃがんで立ち上がる動作を繰り返す（体重は主に前足にのせる）。ゆっくりめの動作を意識して、3秒で上げて3秒で下げる。5〜10回の範囲でできる回数を行う。

◎きつければ……

きつければ机に大きく体重をあずけると強度が下がる。

◎afterストレッチ

ゆっくりと屈伸を5回行う。

ながらスロトレ⑦

プッシュアップ

大胸筋・三角筋・上腕三頭筋
（胸・肩・上腕裏）

上半身を鍛える運動。これも立ったまま行います。

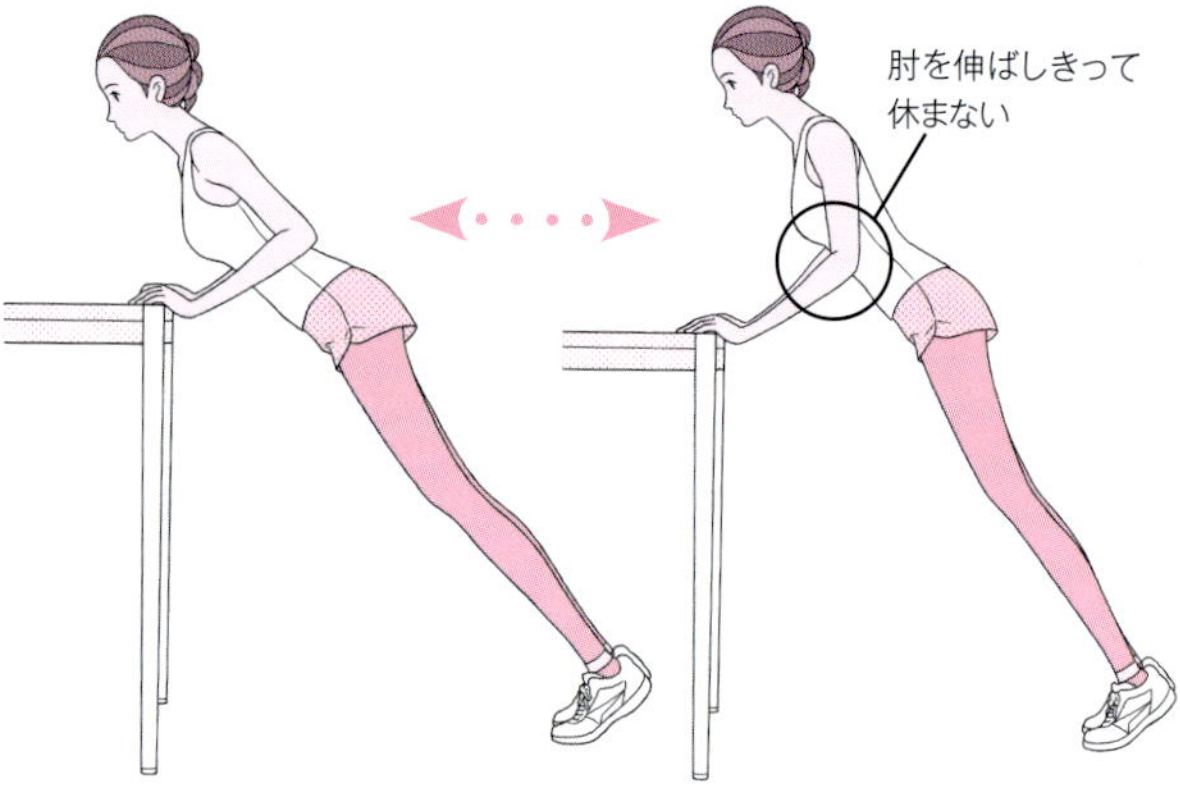

◎how to

机から1mくらい離れて立ち、机に肩幅の1.5倍くらいの幅で手を置いて斜めに腕立て伏せの運動を行う。ゆっくりめの動作を意識して、3秒で上げて3秒で下げる。5〜10回の範囲でできる回数を行う。

◎きつければ……

きつければ机の近くに立ち、体重を後ろにあずけて行う。

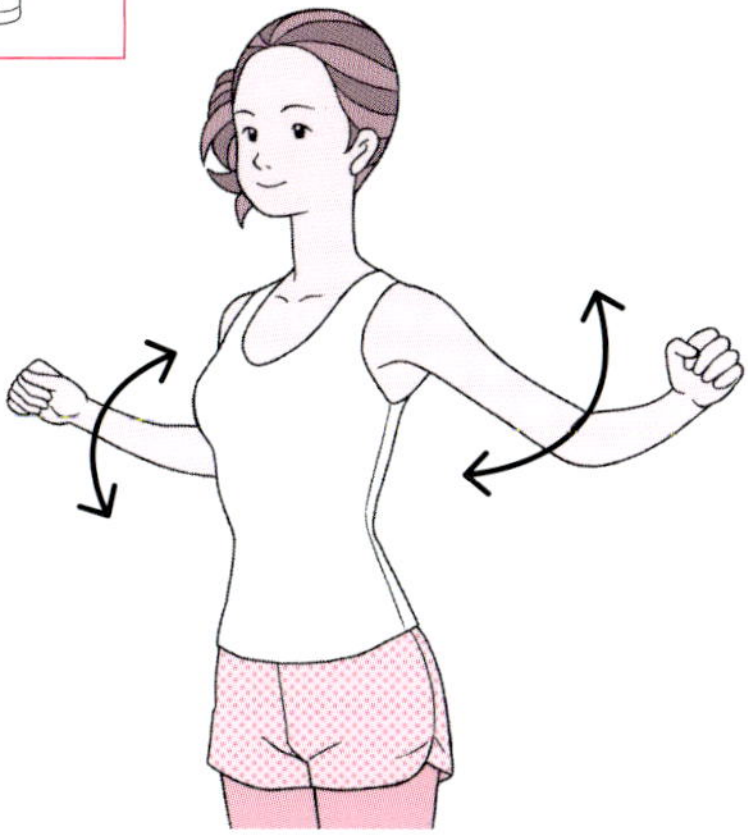

◎afterストレッチ

胸を張って肘を引く動作を、反動をつけてゆっくりと5回行う。

ながらスロトレ⑧

フィンガープル

広背筋・三角筋・上腕二頭筋
（背中・肩・上腕裏）

背中の筋肉を鍛えるながらスロトレ。引く動作の運動は体重で負荷をかけにくいので、自分の力で負荷をかける方法で行います。手を組むだけでできるので場所を選ばずに行えるのがメリット。

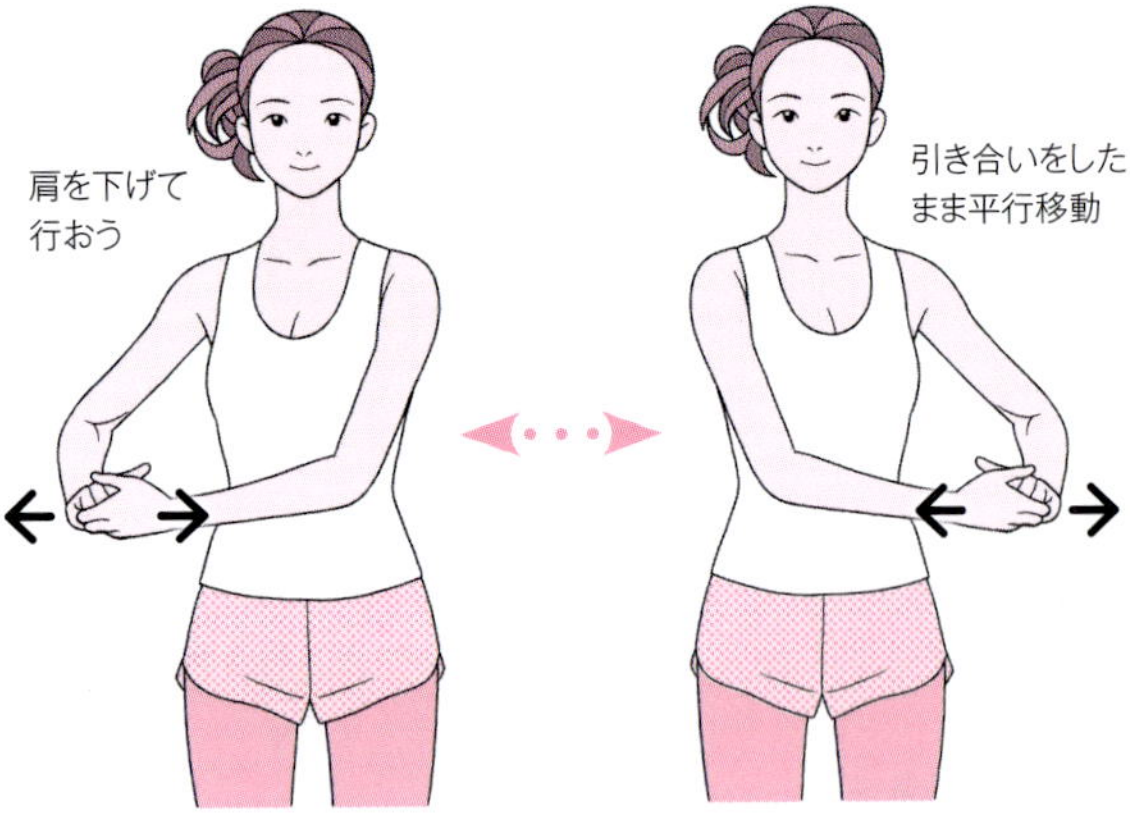

肩を下げて
行おう
引き合いをした
まま平行移動

◎how to
両手の4本の指を曲げて上下に組み、強く引き合う。左右から引き合ったまま右側に3秒、左側に3秒かけて平行移動させる。往復動作を5〜10回行う。

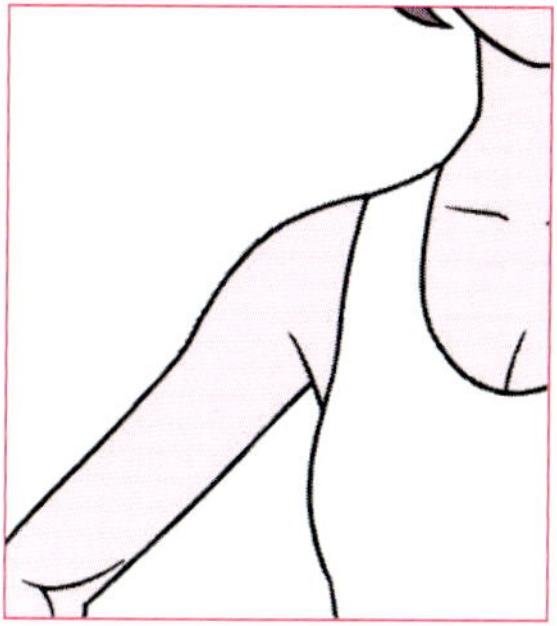

◎point
肩が上がると腕の力だけでの動きになってしまうので、肩を下げて行う。

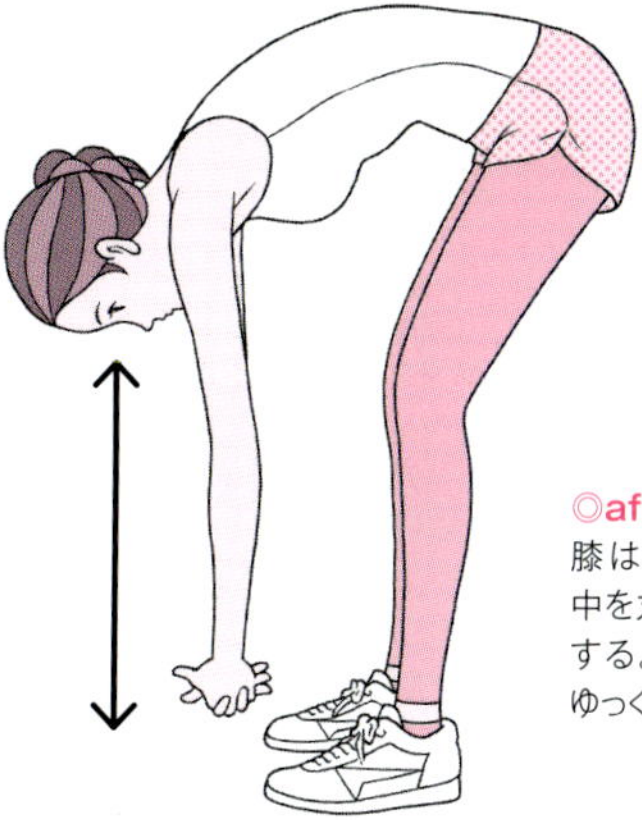

◎afterストレッチ
膝はやや曲げて背中を丸めながら前屈する。反動をつけてゆっくり5回行う。

②無理なくできる有酸素運動編

有酸素運動のスタートはウォーキングで

手軽にできる有酸素運動の代表といえば、ウォーキングでしょう。第4章にも示したように、1日8000～1万歩という活動量は、生活習慣病のリスクが下がり始める最低値に過ぎません（118ページ参照）。

1万歩が達成できるようになったら、歩くことを〝ウォーキング〟という運動にレベルアップして、よりリスクを下げていきましょう。もちろん減量やスタイル改善の効果もより大きくなります。

歩く動作は、地面についた足が支点となり、振り子の原理を使って振り子の揺れを利用して前に進んでいます。

◎ウォーキング姿勢のポイント

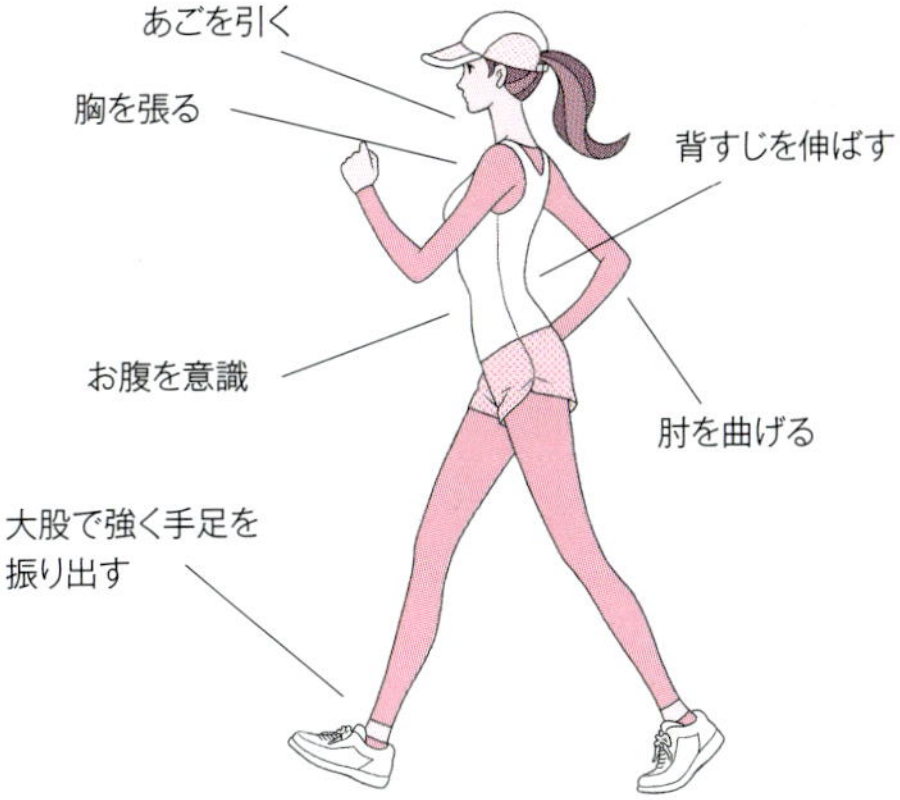
あごを引く
胸を張る
背すじを伸ばす
お腹を意識
肘を曲げる
大股で強く手足を
振り出す

◎ジョギング姿勢のポイント

ストライドが減る分、
ピッチを上げる
足は大きく踏み出さず
「足の裏全体で接地する」
よう意識

普段はこの振り子の持つ揺れのタイミング（固有周期と言います）に合わせて歩くため、歩行動作というのはとても効率がよく、エネルギー消費を最小限に抑えてラクに歩いています。

速く歩けば歩くほどこの振り子の力には頼れなくなるので、速足で歩くウォーキングは日常の歩きよりも高い運動効果があるのです。

ウォーキングの際の姿勢のポイントは、普段の歩き方の場合と同じです（125ページ参照）。胸を張ってあごを引き、背すじを伸ばしてお腹にしっかり力を入れます。

気をつけたいのは、肘の角度です。ウォーキングは早足で歩くためピッチが上がります。**肘を伸ばしていては腕の振りが追いつかなくなるので、肘を曲げて腕の回転半径を小さくすることで、腕を素早く振れるようにします。腕を速く振るように心がけると脚の運びも速くできます。「走るときにしっかり腕を振れ」というのと同じです。**

ピッチを上げたら、同時に手足も大きく振って歩幅も大きくして歩きましょう。

最初は15分くらいから始めて、徐々に時間を延ばしていきましょう。

膝に負担のない
ちょこまか走りのジョギングを

ウォーキングに慣れてきたら、次はジョギングに挑戦してみませんか。

走り方にはいろいろなフォームやスタイルがありますが、ここでは膝や腰に負担の少ない「ちょこまか走り」をおすすめします。ウォーキングは大股で歩きますが、ジョギングでは大股にすると着地の衝撃が強くなりすぎるため、膝、足首、また腰への負担が大きくなってしまうからです。

まず、脚はあまり遠くに踏み出さず、自分の近くに着くようにします。かかとから接地しようとすると足が強く前に出てしまうので、足の裏全体で接地するようにしましょう。脚を大きく出さない分ストライドが減るので、その分ピッチを上げるようにします。

シドニーオリンピックの金メダリスト、Qちゃんこと高橋尚子選手も足をあまり前に振り出さず、足の裏全体で接地するちょこまか走りをしていました。この走り方は、着地でのブレーキがかかりにくいため、レースという戦いの場面でも効率的と考えられています。近年では、このちょこまか走りの選手はさらに増えてきました。

ただし、くれぐれも無理はしないでください。2009年の東京マラソンではタレントの松村邦洋さんが倒れてかなり心配しました(幸い無事に復帰されました)。ジョギングも、無理が過ぎると心不全などを起こす可能性がないとも言えません。

5分でも10分でもいいので無理なく走れる時間から始めて、徐々に時間を延ばしていきましょう。ウォーキングとの併用でもかまいません。

COLUMN 06

体に対する意識を高める「ながら運動」

手軽にできる「ながら運動」には、運動そのものの効果以外に「意識の変革を促す」というメリットもあります。ちょっとした時間があれば、常にながら運動を実践しようという癖が身についてくるからです。

ながら運動を意識するようになると、体を動かすことだけでなく、食事や飲酒、睡眠などすべてにおいて常に体にポジティブな行動を心がけるようになってきます。

よくファッションモデルの人などが、「特に運動をする習慣はないけど、ちょっとした合間にプチ筋トレなどで体を動かすようにしている」と言っているのを耳にします。

仕事柄というのもあるでしょうが、普段から体幹をしっかり使ってよい姿勢をキープする、歩くときは手足をしっかり振ってテキパキ歩く、車やエレベーターはなるべく使わない、といったことが「自然と習慣に」なっています。さらに、食事や飲酒などに対しても自然に節制する習慣が無意識に身についているようです。これはぜひとも見習いたいものですね。

〈セルフ記録シート〉

行動・食事（1日分）

※日々の生活における自分の行動や食事の様子を記録してみましょう

今朝の体重	kg
今朝のへそ周径囲	cm

■ かんたん体幹・コア体操

体幹動作1分体操	行った	少しだけ行った	行っていない
体幹固定1分体操	行った	少しだけ行った	行っていない
お腹凹ませ1分体操	行った	少しだけ行った	行っていない
かんたん体幹ストレッチ	行った	少しだけ行った	行っていない

■ 行動

万歩計総歩数	歩		
身体活動	テキパキ動けたと思う	普通	ダラダラしていたと思う
姿勢	良い姿勢を保てたと思う	普通	だらしない姿勢をしていたと思う

■ 食事

ゆっくり味わって腹八分目	できた	普通	できなかった
朝食	きちんととった	菓子パン1個程度	とらなかった
ほしくないのに食べない	できた	普通	できなかった
夜の食事	やや控えめ	普通	満腹食べた

■ 感想

※体重とへそ周径囲は起床排尿後に測りましょう。残りの項目は1日を振り返って記録しましょう
※万歩計歩数は1万歩以上を目指しましょう
※このシートは必要な分、コピーして使いましょう

〈セルフ記録シート〉

行動・食事（1日分）

※日々の生活における自分の行動や食事の様子を記録してみましょう

今朝の体重	kg
今朝のへそ周径囲	cm

■ かんたん体幹・コア体操

体幹動作1分体操	行った	少しだけ行った	行っていない
体幹固定1分体操	行った	少しだけ行った	行っていない
お腹凹ませ1分体操	行った	少しだけ行った	行っていない
かんたん体幹ストレッチ	行った	少しだけ行った	行っていない

■ 行動

万歩計総歩数	歩		
身体活動	テキパキ動けたと思う	普通	ダラダラしていたと思う
姿勢	良い姿勢を保てたと思う	普通	だらしない姿勢をしていたと思う

■ 食事

ゆっくり味わって腹八分目	できた	普通	できなかった
朝食	きちんととった	菓子パン1個程度	とらなかった
ほしくないのに食べない	できた	普通	できなかった
夜の食事	やや控えめ	普通	満腹食べた

■ 感想

※体重とへそ周径囲は起床排尿後に測りましょう。残りの項目は1日を振り返って記録しましょう
※万歩計歩数は1万歩以上を目指しましょう
※このシートは必要な分、コピーして使いましょう

※このシートは、「かんたん体幹・コア体操」や万歩計により、日々の活動量がある程度上がって
さらなる運動への意欲を実感できるようになってから使いましょう
※ながらスロトレは同じ種目は毎日行わないこと。2〜3日に1回のペースが望ましいです

第5日目

<ながらスロトレ>				<有酸素運動>
レッグレイズ	した・しない	スクワット	した・しない	ウォーキング
クランチ	した・しない	ランジ	した・しない	分
サイドレッグレイズ	した・しない	プッシュアップ	した・しない	ジョギング
バックエクステンション	した・しない	フィンガープル	した・しない	分

第6日目

<ながらスロトレ>				<有酸素運動>
レッグレイズ	した・しない	スクワット	した・しない	ウォーキング
クランチ	した・しない	ランジ	した・しない	分
サイドレッグレイズ	した・しない	プッシュアップ	した・しない	ジョギング
バックエクステンション	した・しない	フィンガープル	した・しない	分

第7日目

<ながらスロトレ>				<有酸素運動>
レッグレイズ	した・しない	スクワット	した・しない	ウォーキング
クランチ	した・しない	ランジ	した・しない	分
サイドレッグレイズ	した・しない	プッシュアップ	した・しない	ジョギング
バックエクステンション	した・しない	フィンガープル	した・しない	分

今週の感想

- □ 筋力がついて動きが軽くなるのを感じた
- □ 持久力がついて階段などで息が切れにくくなった
- □ 運動の実行が当たり前になってきた
- □ 姿勢が良くなってきた
- □ ウエスト周りがすっきりしてきた
- □ 体重が少し減った

その他

※このシートは必要な分、コピーして使いましょう

〈セルフ記録シート〉

運動・トレーニング（1週間分）

第1日目

<ながらスロトレ>				<有酸素運動>
レッグレイズ	した・しない	スクワット	した・しない	ウォーキング
クランチ	した・しない	ランジ	した・しない	分
サイドレッレイズ	した・しない	プッシュアップ	した・しない	ジョギング
バックエクステンション	した・しない	フィンガープル	した・しない	分

第2日目

<ながらスロトレ>				<有酸素運動>
レッグレイズ	した・しない	スクワット	した・しない	ウォーキング
クランチ	した・しない	ランジ	した・しない	分
サイドレッレイズ	した・しない	プッシュアップ	した・しない	ジョギング
バックエクステンション	した・しない	フィンガープル	した・しない	分

第3日目

<ながらスロトレ>				<有酸素運動>
レッグレイズ	した・しない	スクワット	した・しない	ウォーキング
クランチ	した・しない	ランジ	した・しない	分
サイドレッレイズ	した・しない	プッシュアップ	した・しない	ジョギング
バックエクステンション	した・しない	フィンガープル	した・しない	分

第4日目

<ながらスロトレ>				<有酸素運動>
レッグレイズ	した・しない	スクワット	した・しない	ウォーキング
クランチ	した・しない	ランジ	した・しない	分
サイドレッレイズ	した・しない	プッシュアップ	した・しない	ジョギング
バックエクステンション	した・しない	フィンガープル	した・しない	分

本書は、『美しいメリハリボディになる！　くびれをつくる凹《ヘコ》トレーニング』
（２０１０年９月／マイナビ刊）を改題し、
文庫化したものです。

谷本道哉（たにもと みちや）

1972年、静岡県生まれ。近畿大学生物理工学部人間工学科准教授。国立健康・栄養研究所客員研究員（兼任）。大阪大学工学部卒。東京大学大学院総合文化研究科博士課程修了。博士（学術）。専門は身体運動科学、筋生理学。スポーツ・トレーニング、健康運動指導の現場に精通した研究者であることをモットーとする。著書は『スポーツ科学の教科書』（岩波書店）、『筋トレまるわかり大辞典』（ベースボール・マガジン社）など多数。また、テレビ番組ではNHKニュース「おはよう日本」の健康コーナー、NHK Eテレ「名作ホスピタル」、フジテレビ「ホンマでっか！？TV」等で健康・運動に関する解説を行っている。

石井直方（いしい なおかた）

1955年、東京都生まれ。東京大学大学院総合文化研究科教授。理学博士。専門は身体運動科学、筋生理学。日本を代表する筋生理学者として活躍。また、ボディビルダーとしても81年ボディビル世界選手権3位、82年ミスターアジア優勝など、輝かしい実績を誇る。エクササイズと筋肉の関係から、健康や老化防止等について解説。その分かりやすい理論と独自のエクササイズ法がテレビ、雑誌、新聞など多くのメディアで評価を得ている。ベストセラーとなる『一生太らない体のつくり方』（エクスナレッジ）、『スロトレ』、『体脂肪が落ちるトレーニング』（ともに高橋書店）ほか、著書多数。

マイナビ文庫

お腹がやせる「体幹」体操

2014年1月31日　初版第1刷発行

著　者　谷本道哉　石井直方
発行者　中川信行
発行所　株式会社マイナビ
〒100-0003 東京都千代田区一ツ橋1-1-1 パレスサイドビル
TEL 048-485-2383（注文専用ダイヤル）
TEL 03-6267-4477（販売）／TEL 03-6267-4403（編集）
URL http://book.mynavi.jp

ブックデザイン　米谷テツヤ（PASS）
編集・構成　クロロス（藤吉豊／柴山幸夫）
イラスト　勝山英幸
印刷・製本　図書印刷株式会社

ISBN978-4-8399-5047-7
Printed in Japan